中国新媒体理论与实践丛书

丛书主编 潘霁

跳动空间
抖音城市的生成与传播

潘霁 周海晏 徐笛 李薇／著

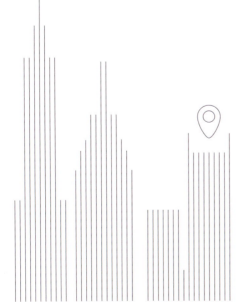

复旦大学出版社

本书获复旦大学上海新媒体实验中心和复旦大学新闻学院一流学科项目支持,感谢北京字节跳动平台责任研究中心徐志宏、张汉卿等研究人员的支持

总　　序

出版"中国新媒体理论与实践丛书"的念头缘起一次复旦大学信息与传播研究中心几位同事的内部交流。在讨论中，大家提出，学术出版作为知识生产的重要方式在新媒体环境下也应呈现更多元的态势。除了"传播与中国"研究文丛这样立足中国本土理论建构的"重学术"，也亟须发展出扎根中国新媒体实践经验的一系列"轻学术"作品。轻重相互呼应，共同在本土理论建构与新媒体经验之间形成更为清澈的贯穿和照亮。于是，我们着手策划这套致力于通过深描揭示中国新媒体实践，以新经验刺激和激发媒介理论与研究方法创新的丛书。

丛书在立意上着重突出新媒体实践经验的激发作用，与新媒体技术当下的变化存在诸多响应。移动数字技术全面介入中国本土城市生活过程中，新经验和新实践层出不穷。若将理论与研究方法视为对经验的理解把握，新媒体环境下可用以理解或解释新经验的资源显然落后于实践经验的时时变化。新冠肺炎疫情的暴发，更将我们对待这种不对称的姿态与全球人类的集体命运关联起来。经验的丰富与本土理论（方法）资源的贫乏之间明显的不对称，推动我们在智识上更勇敢地探索如何从新媒体实践入手，重构经验与理论（方法）间的连接。这种重新连接充满了令人激动的不确定性，也给研究者带来创造、反思和想象的乐趣。

就新媒体研究本身而言，突出实践经验对理论建构和方法创新的催化作用也自有其意义。基于形式逻辑对原有经典概念的推演，已产生出大量内部自洽但冗余和内卷化程度越来越高的知识话语系统。理论在照亮显现经验的同时，若其本身脱离了经验的滋养，就会沦为纯粹的象征性残骸。所以，越来越多的学者开始将研究中经验效度（empirical integrity）的重要性提

高到至少与逻辑效度（logical integrity）同等的地位。表面上变化不居、模糊暧昧的新媒体实践经验，恰恰可能成为学者能否跳出愈发严密精巧的概念系统，进而反观和激活现有理论资源之关键。在某种程度上，新媒体实践经验成了旧有理论体系和研究方法（论）目前急需的一味"解毒剂"——"解毒"的效应反过来即时干预新媒体经验自身之转型。

为通过深描揭示中国新媒体实践经验，达成刺激理论和研究方法创新的设想，丛书依据复旦大学关于传播研究一贯的理解与眼光设定选择标准。具体而言，丛书包含的研究应深入新媒体本土的实践经验，体现理论意识，聚焦切实问题。所谓深入本土经验即需对新兴的媒介实践保持开放和谦逊的姿态，一头扎入新经验本身独特的意义脉络，尤其需警惕将新经验方便地填入现成理论架构的做法。体现理论意识则将丛书与纯粹的经验报告区分。我们认为，经验的呈现实在需要以理论的光芒加以照亮。无明确理论意识的经验常被暴露在散焦下，支离破碎，难以形成推进理论的对话叙事。切实问题指向中国社会中新媒体技术与文化、经济和政治等网络重重叠加后生成出来的现实或理论问题。问题的选择以清晰、有趣为要。清晰指经验领域、理论与方法（论）选择间关系的披露，既非空谈、漫谈，又最好与现有文献脉络能形成紧张的互通。有趣则落实到学术品位、眼界和提问纵深的拓展度上。为丛书设立上述三重标准，既希望明确丛书编选时秉承的尺度标准，又隐隐有与现有传播学实证研究的取向形成对话的意味。此外，我们还希望入选著作选题紧扣新媒体实践经验的最前沿问题，行文通畅，逻辑清晰，分析得当。若是博士论文，则需根据图书著作的写法，做恰当的重组和修改。

丛书以"中国新媒体理论与实践"为名，希望能从新媒体视角切入中国经验，为提高本土理论话语在全球学界之影响作出贡献。研究未设置具体方法或理论取向的限定，也是为了包容更多新的数字经验给传播研究带来的可能。丛书拟每年出版1—2种，假以时日或能为传播学研究在经验范围和理论取向上带来一缕新的风气。

丛书作为学术知识生产多样化形态的尝试，鼓励和支持更多新的研究探索。复旦大学信息与传播研究中心长期聚焦新技术、全球化和城市化给人类社会交往形态带来的重大变革，在学术上回应当前中国新媒体崛起、城市化进程的现实需求。丛书通过与"传播与中国"研究文丛,乃至与每年"传播与中国·复旦论坛"之间彼此错落呼应,希望成为各学科从媒介视角切入中国理论与经验,形成交融对话的开放平台。故此,若有幸能得到学界诸位同道的关注和重视,并且乐于为丛书送上或推荐佳作,我们将感到莫大的荣幸。

潘 霁

复旦大学信息与传播研究中心

2020年9月28日于国定路400号

目 录
Contents

001 ▶ **第一部分 新的城市与新的城市形象**

003 　第一章　抖音城市：城市形象的一种网络化建构
　　　第一节　抖音城市面对的老问题与新挑战 / 003
　　　第二节　抖音城市的核心观念与建构方式 / 007
　　　第三节　抖音城市对城市形象的内涵拓展 / 012
　　　第四节　本章小结 / 024

027 ▶ **第二部分 抖音城市的实践与效果**

034 　第二章　抖音城市的热点
　　　第一节　研究方法 / 035
　　　第二节　抖音城市的热度标准 / 042
　　　第三节　抖音城市热点分布 / 057
　　　第四节　城市群的区域性抖音热点 / 063

094 　第三章　城市群的抖音实践
　　　第一节　抖音城市形象建构实践者构成 / 095
　　　第二节　城市群城市形象建构的时间特征 / 101
　　　第三节　城市群短视频内容的媒介实践 / 106

127　第四章　抖音城市空间建构的最佳实践
　　第一节　城市空间形象 / 128
　　第二节　空间形象建构的热度分布 / 136
　　第三节　城市空间建构的最佳实践 / 157

183　第五章　抖音城市传播方法论
　　第一节　创作者：专业的业余创作者兴起 / 184
　　第二节　抖音：记录美好生活的平台 / 186
　　第三节　用户：打造真人IP，变用户为粉丝 / 190
　　第四节　内容生产：建立素材库，"音乐+镜头"同频共振 / 197

211　参考文献

第一部分

新的城市与
新的城市形象

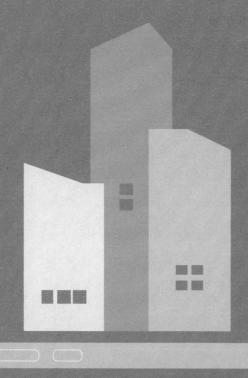

第一章
抖音城市：城市形象的一种网络化建构

抖音已经成为城市形象建构和生成最为重要的所在。自公共传播的主要阵地从"两微一端"（微信、微博、客户端）悄然变为"两微一抖"（微信、微博、抖音）之后，各地各级政府建构城市形象的新媒体平台已随着市民新媒体使用习惯的变化而发生转移。这种转移不仅意味着传播渠道的变化，更重要的是，抖音平台和与之相关的一系列传播实践逐渐催生出一种城市形象建构和城市传播的新样态，可称为抖音城市。

作为城市形象建构新样态的抖音城市与传统的城市形象宣传片相比存在哪些不同？在建构城市形象的过程中，抖音平台与城市之间存在怎样的多重关系？抖音城市数字网络化的形象建构如何创新了我们对城市建设的理解？本章作为全书开篇，拟对这些问题展开讨论。

第一节　抖音城市面对的老问题与新挑战

有人认为，抖音只是一种新的传播工具。相应的，抖音城市只是提高城市形象建构传播效果的一种新方式。城市形象传播从业者所面对的还是如何提高城市形象建构传播效果的老问题，抖音带来的改变仅仅体现为传播工具和渠道的变化。在这个意义上，抖音城市与之前从"报纸城市"到"广电城市"、从"微博城市"到"微信城市"的任意一次传播载体的技术更替似乎只是同质化的增强和拓展，就其性质而言无甚差别。对此，我们认为，事实远非如此。

在城市形象建构的价值观上，抖音城市意味着一种传播价值的深刻重构。它重新界定"传播效果"的内涵外延，并且给"如何提高城市形象建构的传播效果"这一老问题提供了新的应答方式。

一、新答案：抖音城市如何回应城市形象建构中的传播问题

城市形象建构中的传播问题一般涉及信息传播、意义共享、实体沟通三个维度。抖音城市在这三个维度上，对城市形象的建构和传播都作出新的回答。

第一，在信息传播维度上，围绕虚拟的信息产品，城市形象建构通常会涉及"报纸如何报道城市？"、"电视形象片如何呈现城市意象？"、"哪种信息产品的宣传效果好？"等新闻传播学科的问题。我们讨论的抖音城市看似与这些问题类似。从表面上看，我们也会追问："抖音是如何呈现城市的？""应该如何运用抖音建构城市形象？""为什么西安'摔碗酒'视频会成为抖音网红视频？"不过，稍加考察后，我们就会发现，抖音城市在回答这些问题时绝不局限于传统的信息传播维度。例如，问题"抖音是如何呈现城市的？"已绝非传统的5W1H——谁（who）、哪里（where）、何时（when）、为什么（why）、何事（what）、怎样（how），这些都是重要的信息内容要素——和对视频作品的叙事文本分析就能回答清楚的。抖音的传播更多是通过"话题挑战"（如#Take Me To Xi'an#）等线上线下穿梭的实践活动，让用户到城市实体空间中拍摄短视频，再传到抖音平台上，以此制造人流与信息流互相交织的广义传播。这就不难想象为何"摔碗酒"会"红"了——视频的内容除了要给人看，还要给人以参与和体验的遐想，让人真想去现场"摔一碗酒"。在这里，肉身的体验、公众的参与和信息的传播同样重要，构成了抖音城市传播的有机部分。所以，抖音建构城市形象，更准确地说，是重新建构了普通网民与城市的关系。抖音平台激发对信息传播的老问题给出一个新答案。

第二，在意义共享维度上，传播学会讨论对城市文化精神的认同与传播等问题。这些话题频繁出现在大量有关城市形象的受众调查与评估中。学者多用问卷调查等量化研究方法，从居民、旅客等不同人群对城市的满意度和形象认知入手评价城市形象（Fakeye & Crompton, 1991），也有针对某个具

体的议题对城市形象进行微观的效果研究。这类老问题对抖音城市同样重要。只是抖音城市对城市文化的传承更多融于日常化的、生活化的传播实践中,所理解的城市精神也多是世俗的、具象的,正如抖音用户对重庆、成都的城市形象建构往往是通过本地美食餐饮和风俗习惯等日常生活的文化来呈现的。这两个城市在抖音的"夜猫子吃货"大赛中获全国冠亚军,被抖音平台在"夜间活力"的评估中施以浓墨重彩,并且煽情地指出:"这意味着在不久的将来,城市人在夜晚的生活将变得更加自由。人们将逐渐摆脱黑夜的影响,赋予夜生活更丰富的内涵和更多的想象空间,活在每时每刻。"(字节跳动算数中心,2019)可见,抖音城市描述夜宵夜游之类的城市日常生活,也能成为呈现城市与市民精神内涵的一种重要方式。它以一种新颖的传播视角,回应城市形象建构的老问题。

第三,在实体空间的沟通与连接维度上,城市传播涉及各种公共设施对市民是不是可及、旅游路线是不是便于市民游览、公共建筑是不是能够与城市既有的文化积淀形成呼应匹配等问题。这在传统的传播视域中是比较少见的,因为传统的传播实践者往往习惯聚焦虚拟符号信息的传递来进行传播,而忽视了诸多市民在实体公共空间中彼此沟通与交流的活动。实体空间的沟通与连接在城市研究的其他学科领域中屡见不鲜,所涉及的城市空间也非常广泛,包括历史遗产、文化、经济、娱乐与夜生活、基础设施、购物中心、环境、游憩活动、住房、安全、体育设施、公园、服务、高速公路、医药设施、旅店、绿地等(Gilboa, Jaffe, Vianelli, Pastore, & Herstein, 2015)。这些散落在各个学科领域的老问题,需要在传播的跨学科视角下进行统合,成为"沟通城市"(Gumpert & Drucker, 2008; Jeffres, 2008)的共通问题,从而在多元融合、时空平衡、虚实互嵌、内外贯通等不同的价值层面实现共鸣(谢静、潘霁、孙玮,2015)。对于抖音城市而言,这类问题其实得到了进一步强化——实体空间与人的连接关系是短视频记录的重点。正如我们在前文所讨论的,抖音的挑战等活动都相当重视人在实体空间中的体验感和人在实体空间与信息网络中来回穿梭,两者都是传播的重要问题。因此,我们在考量抖音城市时,特别需要将这些议题在城市实体空间中的沟通与交往、媒介网络中的信息传递与价值共享、城市记忆意义和精神的构建延续中统合起来,形成一个"大传播"的语境。

二、新挑战：网络化传播技术带来抖音城市形象建构的价值重构

抖音城市之所以对城市形象建构的老问题给出新答案，并不是抖音有意剑走偏锋、另辟蹊径，而是对当下移动数字网络传播环境带来的挑战所做出的回应。这种挑战的最难之处是什么？我们认为是对城市形象建构的价值重构和实践转型。

传统的城市形象建构追求的是精英主义的价值取向，这种传播价值上的精英主义是大众传播范式的重要特点。精英主义的价值取向表现在城市形象传播的各个面向上，包括：传者主要是政府与精英媒体人；作品往往是城市形象片等专业性较强的宣传作品；叙事热衷于构建航拍等宏大的城市叙事，以"上帝之眼"的精英视角俯视城市；渠道大多采用的是微信公众号等"一对多"（一个精英组织面对诸多受众）的大众传播渠道；等等。这些大众传播环境中的精英主义做法，落在今天新媒体语境下的城市形象建构传播效果上，与抖音平台带来的传播契机存在明显的差异："政府是城市形象的规划者，官方媒体是城市形象传播的执行者。……在打造现代化与国际化城市的目标指引下，媒体上的多数城市形象都显得过于抽象和不接地气。"（抖音＆清华大学城市品牌研究室，2018）

这一精英主义的价值取向及其存在的问题并不只存在于前移动互联网的发展阶段。精英主义的价值取向在今天的"两微"传播场域中仍影响着城市形象的建构方式。无论是微博"大V"，还是一批熟悉民间话语体系的微信公众号，其传播方式从本质上说仍遵循"一对多"中心化的大众传播范式。传者相对于受众仍是精英主义的。这批新崛起的精英，尽管使"城市形象相关内容更为多元"，但也带来了新的挑战——其精英主义不一定能加强传统的官方媒体的精英主义，反而会与之"形成分野"，使得"好与坏两种具有排他性的极化特征凸显"。城市形象的负面事件在"一对多"模式的基础上容易"实现偶发的跨渠道全网传播"（抖音＆清华大学城市品牌研究室，2018）。

上述问题能避免吗？网络化传播技术给出了新的可能。例如，抖音平台借助移动互联网络，凸显网络化的技术特点，形成对"一对多"大众传播

范式的挑战。其一,抖音的传者是广大手机用户,考虑到手机的普及程度,传者构成远远多于"一对多"中的"一"。短视频内容的生产和消费都包含分散各处的普通网友。同时,网络化的打卡式重复生产方式也在不断扩大传者群体。据统计,截至2019年1月,抖音平台日活跃用户数超过2.5亿,月活跃用户数超过5亿("抖音品牌介绍",n.d.)。打卡的实践在平台上十分广泛,意味着活跃用户不断地对一些网红事物进行反复的拍摄与再传播。打卡看似只是"点了个卯",实际上使抖音传播的规模效应越来越大。其二,抖音作为手机应用,以手机端拍摄的短视频形式为基础。普通网民随拍随走的实践挑战了精英主义城市形象片"正襟危坐"的生产方式。手机是随身设备,抖音随着手机用户一起在城市空间中移动,深入城市的多样化场景,并且借助移动互联技术将各种日常生活编织进抖音节点互联形成的网络之中,重新设定特定城市形象的意义。抖音的广告语是"记录美好生活",称这种"记录"的符号载体是"BEST"(BGM、eating、scenery、technology,背景音乐、美食、美景、技术)(抖音&清华大学城市品牌研究室,2018),以"E"和"S"形式凸显的城市形象肯定与精英主义视角下凸显城市政治经济等面向的宏大叙事不同。而自拍等手机短视频常用的拍摄技术,既是对普通市民主体性的实现,又是对个体化城市生活形式的展现。以网络化的特征,融合上述形式和内容的两个面向,同样挑战了精英主义传统。

由此可见,网络化传播技术不仅提供了一系列城市形象建构新的传播工具,更重要的是,提供了城市形象建构的新传播价值,形成与精英主义传统迥然不同的传播路径。

第二节 抖音城市的核心观念与建构方式

在大众传播时代转向移动互联网时代的背景下,抖音城市作为一种不同于城市形象建构精英主义传统的传播路径,究竟建构了怎样的核心观念?它是通过何种特殊的建构方式来实现这种理念的?我们聚焦于上述问题,对抖音城市作出界定。

一、市民的城市：社交媒体时代城市形象凸显的新特点

市民的城市，这一城市形象定位，在传统的政治经济导向下，往往难以凸显。传统的城市形象定位是政治经济意义上的工业城市、资本城市。城市的使命、城市化的进程与经济的复苏紧密相关，有时甚至陷入"唯GDP论英雄"的偏见。这种偏见容易使城市发展出现畸形，背离建构市民的城市的价值取向。

在历史上，上海曾出现过工业总产值、劳动生产率、上缴国家税利等至少十个全国第一，人均道路面积、人均居住面积等五个倒数第一的现象（吉方平，2018）。时至今日，上海等超大城市依然为摊大饼式的空间发展模式所困扰，面临"生产、生活与生态空间存在矛盾，交通系统难以支撑大都市地区的整体发展"等城市病（戚颖璞，2016）。在增长主义的逻辑之下，城市成为"实现资本增值、积累以及资源、财富分配的核心载体"（张京祥、赵丹、陈浩，2013）。其主导力量是资本的意志而非城市居民的意志，这也导致经济与社会、文化、生态等多元发展目标之间的失衡。因此，如何在一众资本的城市中凸显市民的城市，成为城市形象建构的新议题。

对此，不少城市形象片试图在宏大叙事之余选取一些市民视角展示城市形象，但这仍然不同于抖音城市所彰显的市民的城市旨趣。例如，被抖音2018年《短视频与城市形象研究白皮书》称为"前移动互联网阶段重要案例"的城市宣传片《成都，一座来了就不想离开的城市》（张艺谋导演），尽管通过一个探寻奶奶梦想的普通人的故事，串联起成都美食、美女、景色、史迹、民俗、棋牌、茶艺、夜场等各种让人眷恋的城市意象，但是，所谓的"普通人"是由专业演员谭凯扮演的，而在片中陪同他畅游成都的"川妹子"是由专业演员谭雅文扮演的。谭雅文在现实中并不是"川妹子"，而是上海人，在拍片前甚至不会说四川话，被围观拍片的成都市民批评，称"气质不太像，细眉细眼的，温柔有余，精明不足，没有四川女娃子那股机灵劲"（华西都市报，2003）。这种情况与抖音城市形象定位中的"市民"是全然不同的。抖音城市形象定位中的"市民"就是生产城市形象短视频的"抖友"（抖音用户），其自我表达就是城市呈现，而不再是作为城市形象片中那个被符号化的"演员

第一章　抖音城市：城市形象的一种网络化建构

市民"——虽然服务于整个宣传片，却是安排好的工具理性。退一步说，上述形象片即使全部选用没有任何表演基础的市民来演绎城市形象片，仍然不是抖音城市意义上的市民的城市，因为传统城市形象片中专业传播从业者及其传播旨趣仍然以内容生产为主导，使城市形象建构方式遵循精英主义的传统。《成都，一座来了就不想离开的城市》尽管有不少有意模仿市民手持DV拍摄的晃动镜头，但仍然不可能有自拍的旨趣；尽管展开了第一人称叙述，但仍是散文诗式的，基本没有日常对话。这种城市意象的明艳色彩，同样展现着张艺谋电影的摄像风格，并非人们日常可见的实景。这些都表明，模拟市民视角的城市仍然不是市民的城市的价值理念。

市民的城市不仅是承载市民的城市，还是凸显市民主体作用的城市。这种主体作用既包括市民对所拍摄城市空间的参与性，又包括市民在拍摄城市空间的传播实践中对自身主体性的强调。

在前者的意义上，市民的居住、工作、游憩与交通活动是空间转义为城市的重要条件，柴米油盐、衣食住行等市民的日常生活理应成为媒介呈现城市形象的重要内容。这恰恰是抖音网红城市视频的重要内容定位。以"来了就不想离开"的成都为例，柴米油盐的美食在张艺谋的成都城市形象片中毕竟着墨有限，一句"成都的火锅就是又麻又辣"虽然特点鲜明，但是遮蔽了其他诸多美食；而在抖音上的成都2018—2019年十大网红视频中，半数以上都与美食相关，除了成都的火锅，还有二荆条回锅肉面、麻辣小龙虾、兔头等。这些市井味十足的街头美食充斥着成都市民的日常生活，潜移默化地影响着成都市民对城市餐饮空间的定义，乃至在抖音上的成都2018—2019年人气第四的网红视频以此为题——"开了71年的川菜馆实锤在这里~骨灰级苍蝇馆子不是吹的~"。一家"苍蝇馆子"，即使是71年老店，也难进城市形象片，却理所当然地成为抖音网红视频的主角。这种对日常生活的定位差异可见一斑。

同时，市民的城市强调市民在传播实践中的主体性。这种发挥市民主体性的传播活动，甚至能改变城市空间本来的功能性定义。在抖音的数据统计中，全中国热度最高的博物馆，并不是中国最大的古代文化艺术博物馆——故宫博物院，不是矗立于首都天安门广场旁的中国国家博物馆，也不是世界八大奇迹之一的秦始皇兵马俑博物馆，而是成为"自拍圣地"的失恋博物馆。播放量达28亿的失恋博物馆视频,远超故宫博物院17亿的播放量、中国国家博物馆16亿的播放量、秦始皇兵马俑博物馆14亿的播放量。这家以"爱的遗物"为主题的博物馆,超出以自然和人类文化遗产为主的传统博物馆展品外延,始终彰显着它贴近市民日常生活的特性。更重要的是,失恋博物馆吸引了大量的自拍者。例如,位于上海外滩的失恋博物馆,其全称叫作上海外滩星空失恋博物馆,题名中的"星空"虽然是人造的,却超过一众外滩美景,成为广大"抖友"纷纷自拍的网红空间。在此,市民的自拍活动改变了市民对博物馆的界定,也重新界定了城市空间,包括外滩等地标空间的景观分布。

在网络时代的新媒体技术背景下,市民对城市的这种参与及此类市民传播活动的开展是更广泛和深入的。例如,在上海外滩的花旗集团大厦大屏幕上发一句"我爱XXX"的表白,在江畔飞一段无人机,乃至最简单的通过扫描二维码获得城市空间的介绍并参与讨论等,都是市民介入城市日常生活的传播方式。抖音城市强化了这一特点。这种日常传播实践打破了虚拟与现实的界限,将虚拟的城市信息传播网络与实体的城市地理网络彼此交融起来,并且在不断的动态建构过程中改变着市民的城市,也改变着城市的形象。

二、共享与参与:网络化的城市形象建构方式

为了彰显市民的城市的价值理念,抖音城市在网络化的传播过程中,着力凸显两种城市形象建构方式。

一是共享,即强调城市不同主体间连接关系的构建,以打造一座空间互连、信息公开、精神共鸣的城市。这种连接关系,不限于突破不同主体在空间上的距离感,而是追求连接过程中的意义共享与精神共鸣。借用传播学的经典隐喻,这是建立在"手牵手"基础之上的"心连心",是"以团体或共同的身份把人们吸引到一起的神圣典礼"(凯瑞,2005:7)。在这个意义上,共享无法仅仅立足于城市形象片等的跨平台传播——通过组织化的媒介行为,将同一传播内容投放在不同传播平台上,扩大传播范围,形成"内容共享"的全媒体传播体系——而是需要重视市民自发的社交行为,凸显市民对传播仪式的认同,以人为本建构多元"意义共享"的城市形象。

这恰恰是抖音等新媒体平台的社交行为有别于微信公众号等大众传播的重要传播实践方式。例如，抖音的打卡——用户亲历某些网红事物进行拍摄与传播，不同于传统的留影式个人影像生产实践。抖音用户在完成留影后并不算打卡成功，还需扪心自问：我在抖音号上发了吗？我签到了吗？我被推荐了吗？这组"灵魂追问"直指抖音等新媒体平台的共享。所谓的打卡，不是个人的在场，而是社交性的在场，是让人认识、理解、认同的在场。个人影像生产通过打卡行为能够成为一种公共交往模式，帮助个人在城市中确认自我。而滚雪球般的自我确认式打卡，也激发出更多城市影像生产实践中的创意、多元、开放，乃至常常有多个同一网红事物的打卡视频同时雄踞抖音榜单前列的情形，数亿播放量的短视频比比皆是。打卡已远远超出其本意所指的"点了个卯"，而是被引申为一种基于重复式传播生产的重要共享仪式，不断扩大传者群体，也使城市意象更加深入人心。

二是参与，涉及市民对城市的体验，凸显市民对城市形象建构的主体作用，展现民主、开放的城市精神。参与改变了市民与城市的沟通关系，使城市不仅是装载市民的"载具"，而是一种"被实践的地点"（塞托，2009：200）。正如我们发现，风景名胜本不属于抖音城市热度最高的城市空间，但一旦加上自拍，直接在镜头中展现市民在城市空间中的实践，或是加上"风险"标签，以高空秋千、玻璃栈道等惊险刺激的参与式项目改变城市景观的意涵，都将显著提高城市形象短视频在抖音平台传播的热度（详见"第二部分 抖音城市的实践与效果"）。

这种参与是一种在线上线下的反复穿梭，叠加多种城市体验的实践方式。抖音有一类收获广大拥趸的活动，以挑战为名，让用户去城市实地完成各类专题的短视频创作，引导用户进行线下流动，并且对各个城市的地方空间进行重新挖掘。在城市形象短视频中，这类带有挑战标签的视频占到近半数（44%），调动上亿抖音用户的参与。这种虚实互嵌的参与方式，既契合线下城市的传统形象（主要表现在各个城市官方机构对挑战主题的界定上），又在线上经由市民的新媒介生产实践，生产出植根于抖音用户个人体验的对城市形象的新理解。例如，西安能成为抖音网红城市，就与这种虚实互嵌的挑战活动有关。"#跟着抖音玩西安#"的挑战活动，在150个国家和地区同步上线，一周内总浏览量超过2亿，点赞数达1 400万。与西安地方空间息息相关的抖音贴纸——西安兵马俑和肉夹馍,在上线3天内被超过6万外国人使用。许多人为了打卡,不远千里驱车来到西安,制造了另一重意义上的信息流动。在此,市民多维融合的参与方式,使数字城市与实体城市融合在一起,共同构成新的形象和意味。

抖音城市的这种形象建构方式,有赖于各种线上技术对共享与参与的凸显,是直属于当下以社交互动为特征的新媒体语境。为了强化城市形象建构的效果,增强对新媒体社交互动技术的运用,成为抖音城市传播实践的应有之义。例如,在发布短视频时,打上基于地理定位功能的位置信息,借助新媒体平台刺激其他抖音用户了解城市实体空间;又如,运用各种抖音滤镜,改变城市实体空间的本意,阐释市民对城市空间的独特理解;再如,运用自拍、合拍等多种市民身体直接涉入城市空间的拍摄模式,形成市民、市民群体与城市之间的独特意义关联。

抖音还附加各种凸显用户主体性的智能技术,来强化这种新型共享与参与的可能。例如,抖音运用动态人脸识别技术可实现用户动态实时染发,运用体感识别技术可制造抖音跳舞机,运用语音识别技术让"明星喊出你的名字"等。此外,抖音平台还试图将人工智能(artificial intelligence, AI)技术直接植入空间中,开发地标AR(Landmark AR),通过模型重建对大型室外场景进行稳定检测与追踪,为全国城市的主要地标建筑配备更多地标AR道具。这些数字时代凸显用户主体性的技术手段,出现在诸多以城市空间为背景的短视频中,给予普通市民从个体生产视角重新定义城市空间的可能,天然地推动着市民个体与城市以各种方式交互融合。

这种城市形象的建构方式,被我们称为网络化的建构方式。在此,网络(network)的意义,不仅是运用一个与电视、广播、报纸等并列的载具,而是实现市民与市民间平等、广泛连接的网络化(networking)实践方式。

第三节　抖音城市对城市形象的内涵拓展

鉴于抖音城市特有的传播价值理念,也鉴于抖音城市独特的数字媒介实践,从城市形象建构的结果视角去考量抖音城市,抖音网红城市与中国其他城市有什么不一样？在抖音短视频平台上走红的西安、成都和重庆等一大批著名的网红城市，其城市形象在抖音上拓展了哪些内涵？我们将从建构城市形象的几种固有框架，也是普通市民认知城市的常见维度，包括城市分级、城市群、双城关系等维度来考量这些问题。

一、城市分级的日常性重构：抖音城市对政治经济叙事的突破

"一线城市容纳不了我的身体，而二线及以下城市容纳不了我的灵魂。"这是社交媒体上曾流行的一句对当下城市分级体系中各级城市的评价（Sun, 2018）。这种对城市定位状况的不满情绪，流露出普通市民对当下的城市发展及对应城市分级体系的困惑：当下的城市发展究竟能否让普通市民受益？当下的城市分级体系为何与普通市民的日常生活脱节？

传统的城市分级，主要是根据城市政治经济状况的总体评价做出分级，其主要支配性过程是财富生产、信息处理与权力制造，分级背后主要将城市作为政治经济活动的节点。在我国，有两种常见的分级方式。一种是行政分级。这是我国得到官方背书的城市分级方式，依据城市在国家行政体系中的行政级别进行划分，具体包括直辖市、省会城市、副省级城市、地市级城市等行政等级，主要是一种政治叙事。除了这种常见的行政分级，还有依据国家政策新增的国家中心城市。抖音网红城市西安就是国家中心城市。"国家中心城市"的概念最早是在2005年的《全国城镇体系规划》中提出的，被列入其中的城市大多具有重要的地理区位优势和经济发展活力，同时将在城市发展过程中获得国家政策上的扶持。所以，这既是国家政策上的行政分级，也是经济实（潜）力的体现。不过，这种并不是前文无法容纳肉体和灵魂的城市分级方式。另一种被广泛运用的城市分级方式，是一种基于城市经济发展水平而形成的等级认同。例如，北京、上海、广州、深圳（简称北上广深）一般被认为是一线城市，二线城市尽管未形成固定的说法，但一般会考虑经济发展水平，也会考虑行政上的节点——省会城市等。这种分级方式尽管流行于民间，但仍主要是政治经济叙事中的分级。

抖音城市的城市分级，是否属于这两种传统意义上的分级方式呢？在抖音城市形成分级的过程中，产生影响的支配性因素仍是政治经济因素

吗？我们不妨来看看抖音平台每半年发布一次的"网红城市排行榜"。在我们做调研的2018—2019年一年时间内，抖音平台通过统计抖音用户在城市打卡的视频投稿数量形成了2018年下半年和2019年上半年两个排行榜。在2018年下半年的榜单中，中国国内十大网红城市依次为：北京、上海、重庆、成都、广州、深圳、西安、苏州、杭州、郑州。在2019年上半年的榜单中，中国国内十大网红城市排名则为：重庆、成都、上海、西安、北京、苏州、广州、深圳、杭州、郑州。除了最后两位的杭州和郑州没有发生变化外，前八名的名次都发生了变动。若单独考量传统一线城市北上广深，广州和深圳在2018年下半年就被重庆和成都超越了；2019年上半年，重庆和成都直接攀升到榜单的状元和榜眼的位置，其打卡热度超过一众一线城市。由此，我们初步推测，抖音城市的分级方式与传统城市分级方式不同，并非完全遵循政治经济叙事的传统逻辑。

作为民间叙事的抖音城市分级方式，隐藏了普通用户或市民的何种价值判断标准？在抖音"网红城市排行榜"上登顶的重庆、成都等城市，能否在城市分级体系中形成一个独立的层级？对此，抖音在2018年《短视频与城市形象研究白皮书》中引述第一财经·新一线城市研究所提出的"新一线城市"的提法，用以指称重庆、成都等城市，指出"相关视频播放总量前十的城市中，有五席为2018年公布的'新一线城市'。所有的'新一线城市'全部进入播放量TOP30的榜单"（抖音、清华大学城市品牌研究室，2018：15）。基于这种抖音城市与新一线城市之间的耦合关系，我们可否参照第一财经·新一线城市研究所在评选新一线城市时提出的价值判断标准，形成抖音城市等当下普通市民建构城市形象的评价体系？我们将对第一财经·新一线城市研究所主编沈从乐所阐释的"新一线城市"价值理念进行分析。

其一，"新一线城市"的概念在提出之时，试图以日常生活为基点去评价城市，形成与传统城市分级的宏大叙事之间的分野。"当我们谈论起城市时，关心的就是这个城市能够给我们什么生活"，在确定新的城市评价体系时，"希望它能够一方面区别于国家层面的宏观经济指标，另一方面强调一座城市对我们普通人的吸引力"（沈从乐等，2018）。正是"基于我们自己、身边的同龄人等这一代主要城市生活人群对城市需求作的主观判断"（沈从乐等，

2018),新一线城市的榜单最终定名为"城市魅力榜",从"城市与人的密切关系"上彰显普通人对城市分级的主体性。也许这也是抖音等新媒体环境下以个体的城市形象生产实践为基础的网红城市分级逻辑。

其二,以普通人与城市的关系为基础,有五个指标成为衡量新一线城市分级的重要标准。在公布的新一线城市评价体系中,商业资源聚集度、城市枢纽性、城市人活跃度、生活方式多样性和未来可塑性这五个指标成为衡量城市魅力的依据。沈从乐解释说:"城市的商业资源聚集度体现了其商业资源的布局和在全国城市体系里的地位;城市枢纽性是其输送与获得资源的一个重要指标;城市人活跃度和生活方式多样性是增添了解城市活力的维度,一个是将人本身作为总量概念来衡量,另外,……活力程度不仅仅是有很多人在这儿,也是他们愿意并且能够在这里留下来得到丰富多彩的生活,这在未来的层次上也很重要;未来可塑性是城市迭代上的重要环节,我们关心的是环境的友好程度、城市未来的发展方向、人才的吸引程度和他的消费权利。"(沈从乐等,2018)对这五个指标,有必要重新思考其与抖音城市城市形象生产之间的联系,可以发现:被作为重要指标的"商业魅力"与个体的消费行为及线上的内容生产行为息息相关,"'网红店'、'爆改'、'民宿情怀'和'网红城市'们所引发的线上流量和线下消费,让原本只是商业行为'背景'的城市和建筑空间,也被卷入了这场消费化的浪潮",个体的衣食住行,所涉及的消费物质到消费身份、审美和价值认同,构成了"一个城市的标签、氛围和吸引力"(沈从乐等,2018)。

值得注意的是,即使存在价值观上的共鸣,抖音城市对网红城市的分级也不完全等同于新一线城市的榜单排序。例如,西安是抖音网红城市,在2018年下半年的"网红城市排行榜"中位列第六,仅次于深圳,受欢迎程度高于杭州等不少新一线城市中的翘楚;在2019年上半年的"网红城市排行榜"中,西安攀升到第四名,仅次于上海,甚至高于首都北京。然而,在新一线城市的榜单中,西安的排名就不是那么突出了。同是2019年的排名,西安不仅低于北上广深这四座一线城市,也低于成都、杭州、重庆、武汉这四座新一线城市。评选机构在公布排名时还特意指出"头部四座新一线城市的位次相对稳定",以强调西安等其他新一线城市与头部四座城市之间的差距(第一财经,2019)。有研究者专门研究了公众对网红城市的认知与新一线城市榜单之间的落差后认为，西安"在新一线城市的数据中并不突出"，但是，"西安城市宣传方面非常重视利用新媒体和短视频的形式，所以在《抖音城市形象白皮书》中，它被评为'网红城市'，相关视频在抖音等短视频平台的影响较大，公众对其城市形象的评价也很高"（崔雯，2019）。研究者提及，"有大约15%的受众表示曾经没有听说过'新一线'城市这个概念"，但这并不影响这些普通民众借助新媒体去认识网红城市（崔雯，2019）。

抖音城市借助用户个体的新媒体实践，在新一线城市的价值取向——日常生活上可以走得更远。因为抖音平台是完全依靠用户的个体城市形象生产实践以生成城市形象的，而新一线城市主要停留在中观层面的品牌商业数据上，这与市民的日常生活其实还存在一定的距离。以2019年第一财经·新一线城市研究所等机构共同公布的《2019年中国城市等级划分名单》为例，研究机构依据当年最新的170个品牌商业数据、18家互联网公司的用户行为数据和数据机构采集的城市相关大数据，对我国337个地级以上城市进行等级排名。这些中观数据尚不足以下沉到城市市民个体的消费行为中，而抖音城市不同。抖音用户通过个体的传播行为，能够再生产新一线城市的城市形象。甚至可以认为，抖音等媒介技术生成的新的抖音城市生态，为不少新近崛起的新一线或者二线城市提供了难得的公众可见度和发展机遇。

以西安为例，西安在新一线城市中排名不是那么瞩目，但在抖音平台上，仅风景名胜类短视频总量就占13.4%，是排名第二的城市和第三的城市发布数量的总和（详见"第二部分 抖音城市的实践与效果"）。这固然与西安本身作为历史文化名城、有丰富的文化旅游资源有关，不过，抖音等短视频平台的生产方式确实能将西安转义为普通人旅行或生活流动的节点，从而让西安在一众新一线城市中凸显出来，成为网红城市。普通人的生活和西安风景名胜或历史空间相映成趣，将"新一线城市"的概念下沉到日常行为中，强化了城市空间直指人心的力量。例如，在抖音平台上西安城市形象传播播放量前十名的短视频中，排行第六的短视频播放量达3 862万，题为《大西安让我相信真爱还是有滴！》。视频中既有西安风景名胜的留影，又有西安人日常生活的写照。在视频中，一对新人在西安古城墙前拍摄婚纱照，主角在短视频中只是摆着最为平常的拍照姿势，并无惊人之举录下西安古城墙也没有留下什么巍峨的身影,而是被编织到车水马龙中成为日常生活中"在那儿"的布景。让人触动的是,在短视频的近景镜头中,新郎与新娘的面部都非常清晰,新郎脸上大面积烧伤的红肉与新娘精致妆容的白皙肌肤形成极大反差,这对新人的脸上始终洋溢着幸福的笑容……在抖音发布者毫不炫耀拍摄技巧的视频中,真爱与城墙都实实在在地沉淀下来。在抖音发布者标题党式的处理下,西安的硬汉气质与真爱的温情满满自然糅合在一起,形成一种铁骨柔情的城市形象。

抖音城市的日常生活取向,也使公务人员通过短视频重新建构了自身形象,这同样是城市形象的重要内容。同样以西安为例,在抖音平台上西安城市形象传播播放量排名第四的短视频题为《看我大西安交警如此闪亮,闪闪惹人爱!比心》,播放量达4 163万。短视频没有选取一般的视角拍摄交警的公职行为,而是从普通人的视角呈现交警们挥舞着荧光棒,一闪一闪摆出"大西安"字样的情景。其中,一位在中心位(C位)的交警举手摆出擎天的动作,颇有偶像范。这样的交警气场强大又不失人性化,在深度贴近日常生活中,与过去报告文学、新闻报道、城市形象片中履行公职的交警颇为不同,却同样讨人喜欢。这样的公务人员形象与城市形象都是有新意又打动人心的。展示公务人员形象的丰富性,是抖音城市不可忽视的重要方面。

二、文化城市群:对传统地缘城市群观念的再造

除了在纵向上改变当下城市分级体系外,在横向的地理空间分布上,抖音城市也依靠不同用户共享平台的内容生产,跨越空间地在文化意象上将不同城市凝聚成城市群。例如,占据2019年上半年"网红城市排行榜"前两位的重庆和成都,既存在实体空间中的地缘关系,又拥有虚拟网络中的文化认同。两者所共同支持的成渝城市群在地理上接近,也有共同的生活习惯和饮食文化。我们发现,在抖音短视频各类账号排名第一的标签中,成渝城市群是中国范围内唯一一个以"美食"为标签的城市群,彰显出其他城市群无法取代的文化地方性(详见"第二部分 抖音城市的实践与效果")。

这种借助抖音平台彰显地方性、凝聚城市群的逻辑,对于当下需要进一步提升城市影响力的新一线城市而言至关重要。有研究者认为,当下新一

线城市虽然风光无限,却更多的是概念,而非现实。为了能逆袭以追赶上一线城市的"卡位"(抢占某个关键词排名),需要提升最核心的质量,即辐射力与影响力(何晴,2017)。该研究者观察了榜单中入围的新一线城市后认为,其"区域影响力都有限,如南京向东影响力超不过镇江、扬州,向西影响力也就在滁州、马鞍山"(何晴,2017)。而南京却在抖音平台上借助"#稳中带甩玩南京"挑战,大大增强了区域影响力。话题挑战发布三天就获得超过13亿播放量,视频总数量超过25万,创造了抖音和城市"DOU Travel"活动中传播数据增长最快的纪录(抖音短视频,2018)。在抖音平台后续的统计研究中,南京绝非那个固守城界的六朝古都。以美食为例,播放量最高的美食视频中有不少展现长三角城市群共享的文化内容,有江南地区特色的柴火小馄饨、洪泽湖小鱼锅贴等,也有沿海地域特色的会跳舞的鲍鱼、比脸还大的螃蟹等(抖音短视频,2018)。这种感官体验上的丰富性无不是借助城市群的优势再定义城市形象。

抖音城市这种以城市群为主体促进城市与城市之间沟通、协调的方式,也是当下中国城市化发展的大势所趋。党的十九大报告指出,以城市群为主体构建大中小城市和小城镇协调发展的城镇格局(习近平,2017)。2017年年底,中央又进一步提出"提高城市群质量,推进大中小城市网络化建设"(张怀水,2017)。"城市群"成为新时代我国城市化发展的关键词。在国内建构城市群形象的传播实践中,地缘成为城市群的基本逻辑,与地缘相关的交通、经济等城市群的连接问题是建构城市群时宣传的重点。例如,珠三角城市群遵循这一逻辑,甚至被著名传播学者卡斯特作为服务业连接城市群的标准样态,称"香港-深圳-广州-珠海-澳门大都会……导致先进服务业全球地理形势的重大重新安排",因为形成了"先进服务业的生产与消费中心及其辅助性的地方社会"(卡斯特,2001:477)。而抖音城市却不限于实体空间的地缘连接关系。"城市的崛起具有一定的联动性,在虚拟空间与实体空间的交流都愈发发达的情况下,单独依靠城市自身的发展较难取得成就。"(崔雯,2019)虚拟空间的交流,同样能够强化城市群中的沟通与协调关系。

抖音城市如何在虚拟空间中强化城市群的连接关系?有研究者将其归于"文化底色",指出要培育"城市的文化包容力,增强文化吸纳力",要"增加地域文化特色集中体现度和地域文化核心角色重要性",即"更多地关注那些难以描述和计量的城市文化要素"(陈宇飞,2018)。这包括两个层面。

一是建构城市群的地方性文化认同。这需要"更多地关注那些清晰的地域文化要素,并且能够在当前的发展格局中将这些要素有效激活,使之成为一种文化的识别性特征",以此建构城市最显著的精神标识,并且带来辐射性的核心感召力(陈宇飞,2018)。以哈长城市群为例,我们发现,哈尔滨是唯一一个在城市分类中被划分为二线城市的区域抖音热点中心。换言之,哈尔滨在传统的政治经济要素上并不显著,但是在抖音平台的文化影响力上不容小觑。哈尔滨已经成为城市形象相关短视频累计播放量过千亿次的抖音热点城市。哈尔滨城市相关的短视频,无论是累计指标还是单条视频的点赞数、评论数、分享数和下载数都名列前茅。与哈尔滨有共同文化基础的其他东北城市,也展示出地方性文化强大的吸引力。包括大庆、延边朝鲜族自治州、长春、牡丹江、四平等集中于我国东北地区的城市(和区域),单条抖音短视频对网友点赞的吸引力表现都十分出色。东北地区的硬气方言、土味喜感、豪爽音乐等本地特征成为提高单条短视频吸引力的关键,短短几十秒的短视频成为春晚小品的浓缩版,在辐射力上具有极强的文化优势,很容易获得较高的公众影响力。不过,在视频总量上,哈长城市群还有增长的空间。我们认为,除了保持抖音热度,哈长城市群在抖音平台上的城市形象具有颇为可观的传播潜力,或许可以借力抖音平台上的流量和热度,为自身的形象建构和经济产业升级创造更多的契机(详见"第二部分 抖音城市的实践与效果")。

二是挖掘城市群日常生活的世俗文化。在选取地方文化作为建构城市群文化认同的核心要素时,需要特别注意摒弃大众传播时代的精英主义视角,从普通市民的视角重新审视文化,凸显世俗性、日常感、烟火气。这是抖音等新媒体城市形象建构平台的重要特点。以重庆和成都双城支持的成渝城市群为例,抖音用户对两个中心城市的文化的呈现几乎是一边倒的川菜系美食日常文化。在抖音平台统计完成的《抖音夜间活力报告》中,两座城市以"夜宵"的"深夜的味觉探险"形成了城市群新的连接方式。在抖音的"夜猫子吃货"大赛中,重庆和成都分获全国冠亚军,凸显了西南地区的"夜宵城市群"。这种世俗化取向,与城市化发展到新阶段后强化城市人文关怀的理念是一致的。"一座城市的文化体现在对居民的真诚关怀上……至关重要的一点就是要找到能够反映自身文化传承、具备鲜明地域特征的文化符号,并使之融入现代生活……能将文化保护与利用、改造与复兴完美结合,用良好的城市文化影响民众、感染民众。"(陈宇飞,2018)抖音城市的建构不仅是地方文化的传承,更给将日常生活融入城市公共形象提供了难得的契机。同样以成渝城市群为例,有研究者发现,在传统视域中成渝城市群中的重庆很少有看展的文化生活,尤其没有付费看展的文化习惯。重庆市民对"售票展"概念较为陌生,重庆中国三峡博物馆上一次举办售票展已是七年前的"古典与唯美——西蒙基金会收藏雕塑、绘画展"了(刘竞希,2019)。这种情况并非一成不变。2019年抖音网红展览——失恋博物馆风靡全国,在中国各个城市及城市群遍地开花,在成渝城市群一样相当火热。其中,截至2019年年底,重庆失恋博物馆有1 764个视频,累计播放量为2 041万次,虽然不及上海失恋博物馆的4 376个视频、9 325万次累计播放量(含位列上海城市形象相关短视频累计播放量第五的短视频《此生见过最美的星空,一定要来玩啦》),也不及郑州失恋博物馆的830个视频、2 846万次累计播放量(含位列郑州城市形象相关短视频累计播放量第一的短视频《可惜不是你,陪我到最后,我们江湖再见吧》),但看展的文化习惯可能就在市民的打卡活动中慢慢培养了。在若干年后回顾时,这俨然成为一个改变市民日常审美、知识结构、消费习惯、生活习惯等的重要时间点。有研究指出,公众对新一线城市文旅融合的规划定位满意度并不高(人民智库课题组,2019)。如何借鉴抖音网红城市及其相应城市群的经验,运用抖音进行文化、旅游等城市多维日常生活的融合以建构文化共同体,是一座城市在建设中需要不断进行探讨的重要话题。

三、双城记:打破地方空间、流动空间断裂的关系

论及城市的常见维度,除了城市分级、城市群,还有一种比较分析不同城市联通状况的双城关系。双城或者地缘接近,或者文化上遥相呼应。借用卡斯特(2001)的流动空间理论进行分析:前者一般有共享的地方空间(space of places),提供地理上定着(setting)生长的力量;后者一般有类似的

流动空间（space of flows），在交流和互动中产生共鸣。地方空间与流动空间之间是什么关系？两者如何影响城市间的双城关系？抖音城市的新媒体分享是否建筑了另一种"双城记"？我们将聚焦抖音城市中属地要素与流动要素的协调探讨上述问题。

在城市化发展的传统语境中，流动空间作为城市间连接的重要节点，历来被认为是优于地方空间的存在，而且随着城市化的发展进程，流动空间日渐趋向于与地方空间分离。在中国的城市化语境下，流动空间与地方空间的关系问题同样存在。在国内城市间存在的双城镜像关系中，实体地理距离的接近与精神的共鸣往往是断裂的关系。例如，上海与南京在地理上是接近的，但个性是相异的。又如，上海与香港在地理上是很远的，但在全球化、本土化等多元文化交织的意义上是相似的。这一现象被卡斯特描述为城市流动空间与地方空间的分离关系。卡斯特在《网络社会的崛起》中提出"流动空间"概念时，曾有意用中国的案例来说明一种特殊的流动空间样态——先进服务业流动空间（支撑服务业业务流动的城市空间），并且从香港、深圳、广州、珠海、澳门大都会等流动空间与其他内陆城市的地方空间分离关系来说明"先进服务业的生产与消费中心及其辅助性的地方社会，被连接在一个以信息流动为基础的全球网络里，而不重视与腹地的联系"（卡斯特，2001：477）。服务业中心城市是流动空间，而腹地则是地方空间，"两种空间逻辑之间的结构性精神分离，构成破坏社会沟通渠道的威胁"（卡斯特，2001：524），而这种威胁不会显著影响城市的发展，反而会"导致先进服务业全球地理形势的重大重新安排"（卡斯特，2001：477），并且不断继续推动流动空间与地方空间的分离。"支配性的趋势是要迈向网络化、非历史的流动空间之前景，意图是将其逻辑安放在分散的、区隔化的地方里，让这些地方之间的关联逐渐丧失，越来越无法分享文化符码。"（卡斯特，2001：524）在这一逻辑下，前文所提及的流动空间典型样态——深圳、广州（或是我们熟悉的提法"一线城市"），应该保持高高在上，保持两者间的相似性，而与其以下的城市分级形成分离的关系。事实是否如此？

有研究者指出这种断裂关系的缺陷，认为卡斯特流动空间理论是建立在政治经济的起点之上的，经济和技术是卡斯特优先考虑的问题（韦伯斯特，2011：125），接合入网络的"主要支配性过程"是财富生产、信息处理

与权力制造,权利与财富经由流动空间投射到全世界(卡斯特,2001:509-510)。在他的论述中,流动于核心与节点之间的是政治经济流而非传播学意义上的信息流,由技术所塑造的社会生产方式塑造了网络社会的空间样态。与此同时,由于作为节点与核心的城市是经济活动的空间而非居民生活居住的空间,"日常生活空间被缩减,以迎合全球化城市的工具逻辑"(卡斯特,2001:524)。

然而,在抖音等新媒体实践下,即使是依循全球城市逻辑的流动空间,也并非对于"去地方"毫无抵抗之力。在地方空间的逻辑下,抖音城市语境中的广州和深圳,不仅是现代服务业网络上的节点,还是不同的日常生活的栖居之所。

以抖音指数公布的广州和深圳两地的统计数据为例,广州和深圳这两个同一流动样态的流动空间,表现在抖音平台的地方空间上,差别众多。

其一,在总体数据上,抖音数据分析了200万条用户投稿的广州和深圳相关视频,提取了热门视频关键词,认为"广州是生活家,深圳更像是梦想家"。"灯光节"、"车展"、"演唱会"等是广州的热门标签,而深圳的话题却是"交房租"、"挤地铁"等追逐梦想的内容。"从打卡类型数据看,超过24%的用户打卡广州的餐饮地点,这个数字比深圳高出三个百分点。另外,广州在购物、休闲服务领域的吸引力均高于深圳,广式生活味十足。而深圳在商务领域的活力更具优势,商务住宅热度占比高达19%,而广州仅为13%,生活家与梦想家的差异再一次体现在用户的选择上。"(抖音指数,2018)在夜间数据上,抖音指数抓取了2018年下半年抖音用户在广州和深圳两座城市的夜间打卡视频,依然印证了"广州是生活家,深圳更像是梦想家"——逛街、购物成为广州夜晚的主旋律,城市热点沿中轴线自北向南分布,正佳广场、花城广场、海心沙人头攒动,有人选择在兴盛路酒吧街释放一天的疲惫,也有珠江对岸海珠TIT创意园依旧奋战在工作台上的人们;而新深圳人往往加班到深夜,深圳的夜晚图景沿着深南大道由西向东铺开,南山的科兴、腾讯大厦、福田平安金融中心等写字楼依旧灯火通明。

其二,在流动空间与周边地方空间的关系上,广州和深圳同样有不同的文化取向。抖音指数(2018)的研究结果显示,以佛山、清远、阳江为代表的广府地区更青睐广州,这一地区在地理、文化和语言上都跟广州更贴近;而以河源、梅州、惠州为代表的客家地区更偏爱深圳。根据改革开放前的《宝安县志》，原宝安县（今深圳）客家人占原住民的六成以上。这两种不同的地方文化，甚至"切割"了潮汕地区——揭阳更偏好深圳，而传统上身为潮汕文化中心区域的潮州和汕头的最爱是广州（与历史上潮汕人有在广州经商的传统有关）。在餐饮文化上，"老广执念粤菜，深圳客偏爱湘菜"。两者在吃鸡的习惯上也有所不同：广州人对传统鸡煲依旧执念到底，而深圳人却"蜜汁"喜欢海南椰子鸡（抖音指数，2018）。

值得注意的是，抖音城市对地方空间的彰显，并没有遮蔽流动空间的存在，而是并置流动空间与地方空间，形成了多元共融的混杂性（hybridity）。以长三角地区的上海和南京为例。

上海历来是长三角城市群的"龙头"，理应以其他各座城市远无法企及的姿态，呈现与香港、纽约、东京等其他国际大都市类似的流动空间气质。尤其是上海和香港存在历史上互为镜像的双城关系——香港于1842年割让给英国，上海于1843年被迫开埠，两者几乎同时被迫卷入全球化浪潮中。作为亚太地区的国际金融、贸易、航运、旅游和信息中心，它们各自都呈现出类似的国际大都市面貌。在这个意义上，同为长三角城市的南京，可能还不及千里之外的香港与上海相像。然而，在抖音平台上，上海并没有仅仅展现其曲高和寡的国际性，而是在去中心化的生产方式中不可避免地展现出与内地城市相似的内容。例如，抖音上海城市形象相关短视频累计播放量排名第八的短视频（截至2019年年底），播放量为3 618万，主题为"宝宝舅舅新开的火锅店，像回到教室上课一样，真让人怀念，希望弟弟的店越来越成功！"笔者乍一看短视频的主题和内容，大吃一惊，因为这不是在成都或重庆。火锅固然是上海海纳百川的美食文化中的一种，但也不是占据绝对主导地位的那种。点开短视频后，笔者更为惊讶，因为火锅店的布置是以上海20世纪90年代的宿舍、教室为蓝本，这可能与当下中国内地城市的一些学校外观类似。在里面吃饭有一种穿越到内地的既视感，与上海的国际大都市气质之间形成了一种"反差萌"。笔者无从推断，这究竟是新上海人抒发乡愁的网红地，还是老上海人追忆青春的传承馆，但短视频能登上排行榜前十，至少说明上海的流动空间与地方空间共融的多元文化奇观得到多方认同。

无独有偶,六朝古都、新一线城市南京,也在抖音平台上展现出多义性,包括与上海的关联。南京城市形象相关短视频播放量最高的抖音视频,不局限于旅游手册上的秦淮河与中山陵都地,而是既有街头玩滑板的帅气女孩等与上海气息类似的主题,也有会武功的馄饨店老板等颇具内地特色的主题。这些视频数量有262万条,总播放量超过196亿次,深挖南京的地方空间,凸显南京在抖音上的城市地位,也改变了南京与上海的双城关系(抖音短视频,2018)。在抖音上,古都南京城的现代面目得到空前凸显,与作为流动空间的国际大都市上海之间的文化联系得到加强。可以说,抖音城市呈现出一种流动空间的新样态,从而使流动空间与地方空间并未呈现出卡斯特所说的分离关系,而是"同时并存全球化与地域化之间的关系"(卡斯特,2001:521)。

事实上,流动空间与地方空间的并置共融,使得当下中国的城市与城市之间建立了过去难以想象的多元连接关系。有研究显示,河北与河南虽然在地理位置上接近,但市民对新一线城市的选择相差太远——曾经居住于河北的用户,心中更青睐南京和天津等城市;曾经居住于河南的用户,心中排名第一位的城市是成都,第二位才是郑州(崔雯,2019)。在未来期望生活的城市和新一线城市的选择中,重庆、杭州、青岛三个城市市民的选择几乎一致,对比关中城市留存意愿较低,说明地理空间的禁锢不足为惧。2017年,西安与成都两市签署《战略合作框架协议》,确立热门对标城市的关系(IUD中国政务舆情监测中心,2018)。沿海与内陆、东部与西部、相邻与相望,都不再是讨论城市空间的必然,地理空间、文化空间、意义空间等多维交织成全新的双城关系。

第四节 本 章 小 结

综上所述,作为一种独特城市传播样态的抖音城市,已经对城市形象建构的老问题给出了新答案:虚实互嵌、日常世俗、多元融合,城市形态需要遵循新的理念,探索新的路径。我们将这种抖音城市的理念称为"市民的城市",并阐述其借助新媒体平台支持共享与参与,促进认同的形象建构方式。所形成的抖音城市,突破政治经济叙事,再造传统地缘城市群观念,打破了地方空间、流动空间断裂的关系。

在粗线条地简述何谓抖音城市之余,在之后的章节中,我们还需沿着抖音城市从宏观到微观的路径,一步步探索一系列后续问题:抖音城市有何形象建构效果?抖音如何发挥对城市的重要建构作用?城市形象建构者如何运用抖音进行操作?我们在研究这些问题时,运用基于网络大数据的内容分析法和质化深度访谈等研究方法,探究网络短视频平台上一系列独特的数字视觉实践如何塑造抖音平台上不同类型空间的城市形象(第二章)。其中,包括网络短视频作为指向数字技术的影像实践,揭示身体涉入、虚实穿梭、交互等,在风景名胜、商业设施等不同类型城市空间的形象塑造中分别发挥怎样的作用。随后,探究经由各种数字实践形成的城市形象在传播效果上存在哪些规律(第三章),抖音生产发布过程中的数字影像实践如何影响城市形象发布后的传播效果(接受深度流传广度、互动强度、流量变现等),受到哪些因素的影响。之后,呈现城市形象建构者,如算法从业者、城市形象意见领袖、政府城市形象宣传人员对此的理解与洞见(第四章),网红意见领袖、政府城市形象宣传者和算法工程师等不同主体的日常媒介实践如何与抖音的技术属性耦合,以及取得的传播效果等。

在全书的研究中,我们特别集中地考察了抖音特有的传播方式与城市形象建构的关系,包括:集中考察手机视频制作和发布过程中特有的身体涉入、城市空间的虚实穿梭、各种类型的互动三类媒介实践,在风景名胜、餐饮服务、城市设施、商业设施等各类空间形象建构中所发挥的作用;以上各类实践因素对城市形象传播效果的影响;各利益主体对于这种关联的理解和认识。

在这个基础上,全书希望理解抖音数字平台支持的媒介实践与各类城市空间形象塑造之间的关联,并且揭示城市形象在短视频平台上的建构规律。这对于通过抖音平台增强市民与城市空间的纽带,改善城市形象在抖音平台上的有效传播,并且更有效地促进抖音在线上线下形成良性的"对流"具有重要的参考价值。

第二部分

抖音城市的实践与效果

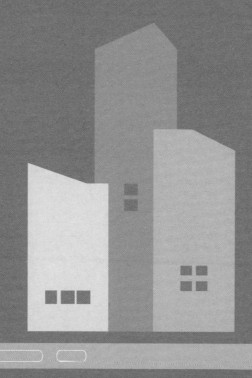

数字社交媒体,尤其是移动互联网络与智能手机等传播技术的迅速发展和日益普及,深刻地改变了城市中各种类型公共空间形象呈现的传播方式,以及城市与普通市民之间可能发生的关系。其中,抖音短视频社交软件已经发展成为网络空间中,包括个人网民、政府机关、商业机构等各类利益相关群体共同建构和传播城市形象的重要平台。就抖音短视频平台本身在媒介技术上的特征而言,抖音采用大数据用户分析,即利用海量的数据资源,根据用户的浏览习惯和感兴趣的内容,给用户推送相关信息。事实上,抖音偏重视听化的表现形式,紧凑的时间设置,背景音乐与短视频内容之间的结合,特技、美颜与集体挑战等技术特征的内置,算法推荐与人工把关的结合,身体深度涉入其中的媒介实践方式,以及互通互联不断扩展的社交平台属性都为抖音城市的生成形态和传播路径提供了新的可能性。根据2019年1月抖音官方公布的数据,抖音在国内日活跃用户数突破2.5亿,月活跃用户数突破5亿。正是在抖音独特的社会和技术综合环境中,迅速涌现出一大批抖音网红城市,不仅改变了本地居民与城市的关系,更在很大程度上重塑了我国各个城市在全球范围内的形象构成。

除了媒介技术日新月异的发展之外,当城市的媒介形象经由抖音平台通过作为抖音实践者的网民群体践行一系列相关的抖音实践建构出来时,城市本身在文化、环境、经济和历史传承等方面原有的特质,以及在抖音上活跃于传播城市形象的网民群体所具有的特点,也会与抖音平台本身具有的技术特征发生聚合。线下城市空间既有的特征、城市特有的历史文化积淀、城市现在占据主导地位的政治经济结构与技术之间发生的耦合,在很大程度上塑造了抖音城市形象的建构过程和结果。抖音媒介技术的内在特征、城市已有的文化积淀和物质环境,以及网民群体作为实践者的系列特点共同发挥作用,塑造抖音城市的形象。其中,比较显著的典型案例包括抖音网红城市重庆。重庆的城市既有文化中有多重因素(包括重庆话、重庆火锅和重庆市民热情的集体性格等)支撑其成为网红城市。重庆市政府对于抖音城市的支持和通过抖音促进地方旅游业经济发展的意图,以及重庆市特有的经济结构也为其在抖音平台的出色表现添砖加瓦。同时,重庆作为山城,在城市空间的垂直纵向上的层次感和立体感与抖音技术影像竖屏的默认设置之间,无意间产生了有益的相互契合,生成了《中国重庆的自动变道轻轨,出了重庆没有第二个城市》等一系列有重庆特色的城市形象抖音视频。具有地方特色的抖音城市奇观吸引网友大量点赞播放和实地打卡。恰恰是从这样的理论假设入手,本书将逐步推进地探究包括城市所在城市群环境、抖音实践的具体类型、抖音实践者的特征和各类城市公共空间类型等相关因素如何共同塑造抖音城市形象的建构特征与效果。

正是将城市形象的建构放置于媒介技术发展和城市已有文化环境发生动态交汇的界面上,本书第二部分整体上着力于对2018年1月1日至2019年6月1日期间抖音社交短视频平台上发布的与我国城市形象建构相关的短视频大数据,进行逐步推进的描述性分析和随后的建模线性统计分析。分析旨在基于对包括抖音短视频本身特点、视频传播中UGC(用户生成内容)的内容特征和视频生成的元数据等多种来源数据进行分析,深入探究不同类型抖音城市形象的建构方式,以及在抖音平台上有效传播和建构城市形象的最佳实践。第二部分中的各个章节力图逐步深入,通过从单变量到双变量的统计描述,到对于最佳实践的线性模型分析,在叙述中形成将全书分析的颗粒不断细化的层层递进关系。

从整个第二部分分析的理论视野来看,本部分总体的分析以库尔德里(Couldry)等学者提出的"媒介实践"(media practice)概念作为理论概念的视野和分析解释的框架。媒介实践的概念主要借鉴库尔德里对此的概念化。与媒介使用的概念形成对照,媒介实践的概念更广义地牵涉到人与技术(物)在特定场景中发生的一系列互动过程。库尔德里(Couldry, 2004)将媒介实践界定为"开放并且相对松散的概念",涉及一组彼此相关且已经被实践者在日常生活中惯常化的指向媒介技术或者与技术相关的行为。库尔德里的描述很大程度上来源于沙茨基(Schatzki, 1999)提出的社会实践理论:实践被认为包含共同的理解、共同遵守的社会规范、行为背后的情感色彩、理性目的意向性、关于行为该如何展开的设想及背后相关的信仰。

具体落实到媒介实践概念的发展上,随着媒介和社会科学研究整体上的实践转向,媒介实践的概念视角揭示出抖音城市形象建构实践的主体与抖音短视频传播技术平台之间如何发生多样化的关系(Rakow, 1999),并且将人们与技术平台之间的扭结关系置于人们日常生活惯常实践的系统网络中加以理解。媒介实践的观念更多关注到媒介对象（media object）与媒介实践的主体之间如何通过反复的互动，共同塑造出新的生活实践世界和意义系统（Mattoni，2012）。与此相应，构成媒介实践基础的技术对象、生活惯习和各种文化符号叙事很大程度上取决于特定社会场景中实践者与技术之间的关系方式（Brown & Duguid，2001；Hayles，2006）。在媒介实践的过程中，实践者的身体、相关的一组技术物，以及共享的与技术有关的集体情感、知识和动机会以不同的形态发生杂糅并生成新的形态（Reckwitz，2002）。作为其后果，新的社会形态通常表现出与以往不同的中介化方式（包括与之对应的时间空间属性）（Kember & Zylinska，2012）。换言之，特定的媒介技术（类似抖音等社交媒体平台）自身特有的属性能够支持一组可能的实践活动，但其中只有部分会最终在特定的文化环境中被实践者们实现。新技术支持的实践活动与原有的实践形态之间可能会以替代、扩展或者聚集等各种方式发生关联（Schutz，2004）。每一种新旧实践之间的关联方式都会改变实践者与环境之间、实践者与其他实践者之间的关系（Silverstone，1994；Silverstone & Hirsch，1992）。在此过程中，媒介实践创造出人们在技术世界中新的生存和生成状态。

从媒介实践的视角出发观照抖音，本书将抖音实践的概念界定为一组围绕或者指向抖音技术平台被实践者们在日常生活中实现的惯常活动。根据前文对媒介实践概念的解析，抖音实践中具体包括行动，各种行动背后显示出来的认知理解，抖音城市形象建构行为实践遵循的潜在规则，实践活动牵扯的集体情感反应、意图达到的目的和身体运动等不同的维度（Couldry，2003）。故此，从实践视角出发，本书试图考察抖音技术平台、平台上形成的惯常规则，以及对前述两者的象征符号表征如何在不同城市群的社会环境中生成一种新的抖音城市形象（Brown & Duguid，2001；Hayles，2006）。通过各种抖音相关的媒介实践，城市形象生产者的身体涉入、抖音技术设定的技术参数，以及抖音用户群体中共享的抖音知识、集体情感和动机混合杂糅成一种新的城市生成与传播交往的方式，甚至是新的数字城市生活形态（Reckwitz，2002）。由此观之，抖音技术在本书中不是被视为建构城市形象的一种新的技术手段和工具，更多是被视为由其催生出来的一系列相关城

市形象建构实践，构成抖音城市，并且促使抖音城市与线下城市之间发生频繁交互最为基础的沟通设施（Kubitschko，2018）。考察的重点不再落在用户如何使用抖音来建构城市形象，而是不同经济文化环境中的用户与抖音技术之间的互动如何生成原本不存在的城市空间意象。具体而言，本书通过考察抖音城市建构过程中的实践主体、城市形象建构体现出来的时间特征、建构时产生的抖音内容和实践者身体涉入的状况等不同方面，希望结合抖音实践的各个面向，从整体上揭示在抖音技术平台上生成并传播不同城市形象的日常实践，以及这种实践如何和既有的与城市相关的符号积淀之间产生交互融合，最终催生出数字时代特有的抖音城市和抖音用户。

第二章主要从总体上考察 2018 年到 2019 年一年间我国各个城市在抖音平台上的形象建构和传播特征。对总体进行概览，目的在于为后面两个章节更为深入地分析和讨论奠定背景与基础。第二章具体考察抖音平台上城市形象建构累计的和单条视频平均的传播热度指标，抖音城市形象传播形成热度在各城市群、各城市等级和我国不同地理区域之间的分布等方面主要呈现出哪些总体性的特点。研究还结合质化案例分析和统计分析方法，进一步探究全国不同国家级城市群中占据抖音区域热点中心地位的城市，其内部的抖音热门地点热力图分布状况。研究对这些区域性热点中心城市中相关短视频热度排行靠前的内容做了质化的内容分析，以求揭示出各个城市群不同的区域性中心城市形象从总体上分别展现出哪些不同的特征。

相比第二章以抖音传播中单个城市作为基本的分析单位，第三章则以单条的城市形象相关抖音短视频作为数据分析的基本单位。基本单位从单个城市变为单条短视频能够以更细致的颗粒分析短视频背后的各种实践及其形成的内容特点。该章利用抖音平台大数据主要探究以下研究问题：城市相关短视频的内容中，围绕五种不同类型城市公共空间的内容呈现出哪些分布特征；抖音短视频生产者群体存在哪些整体性的特点（包括年龄、性别、账号注册状况和短视频发布时间等）；围绕抖音城市相关短视频的一系列包括身体涉入、互动参与和虚实穿梭等各类不同的抖音实践形式。

在第三章描述的基础上，第四章在深入考察各大城市群之间，乃至各个类型的城市公共空间之间城市形象建构实践方面的特征之余，更细致地分析各个城市群中建构各类城市空间形象的短视频中热度最高者在身体涉入、参与互动和虚实穿梭等几个方面相比其他短视频体现出来的独特之处。之所以对不同城市群中各类城市空间建构中热度最高者的特征进行深度描绘，主要是为了刻画出抖音平台各类城市空间类型形象建构中已有的最佳实践。对于各类城市空间类型形象建构和传播最佳实践的描述分析，能够为数字时代城市形象传播的实践和理论建构提供有益的借鉴与启发。

最后，第五章基于传播过程中的5W要素，对抖音城市传播方法论作了深入浅出的反思。章节主要通过对13个抖音优秀叙事团队的深度访谈和田野调查，围绕平台上有效的视频叙事背后的团队构成和定位、内容生产方法的变化、用户认知等方面展开探索。此外，第五章还对3个抖音平台工作团队做了访谈，全面揭示出抖音平台本身的运营方式和技术逻辑。章节对抖音生产流程和平台的逻辑做了较为全面的分析，对于抖音城市建构的方式方法创新有切实的借鉴参考价值。

第二章
抖音城市的热点

作为第二部分开篇的章节，本章主要以样本中抽取的每一座城市作为基本分析单位，致力于从城市间差异的角度入手，考察几个与抖音城市形象建构相关但观察尺度上更为微观的问题。具体而言，本章分析的数据主要基于对按照抽样标准获得的146个不同类型城市各自相关的抖音数据，以及所有146个城市在我国城市分级中的等级位置、各自在八大国家级城市群中的归属等特征展开系统分析。

对抖音城市相关数据的分析主要旨在探讨以下几个方面的问题。首先，本章采用统计数据分析方法考察从2018年1月1日到2019年6月1日期间，抖音平台上城市形象建构累计的和单条短视频平均的传播热度指标，抖音城市形象传播形成的各类热度指数得分在各城市群、各城市等级和我国不同地理区域之间的分布等方面主要呈现出哪些总体性的特点。其次，研究结合质化案例分析和统计分析方法，更进一步探究那些在全国不同国家级城市群中，占据抖音区域性热点中心位置的城市，其内部的抖音热门地点热力图分布状况。研究还对这些区域性热点中心城市相关短视频热度排行靠前的内容做了质化的视频文本分析，以求揭示出各个城市群不同的区域性中心城市形象从总体上分别展现出哪些具有质性差异的特征。本章以单个城市为基本单位展开的数据分析为第三章和第四章以单条抖音短视频内容作为分析单位，用更细致的分析单位作为颗粒深入探究各个城市群中不同空间类型形象内容建构方面的特征，以及建构过程中的最佳实践，奠定了整体上比较基础和宏观的研究背景。

第一节 研究方法

一、抖音短视频数据的获取

就研究方法而言,为了能更好地获取抖音数据里的城市形象,本章将考察抽样时间框架设定为2018年1月1日至2019年6月1日期间被公开发布在抖音平台上的城市形象视频。

为了能比较全面地对我国城市抖音形象有系统的分析,笔者对"城市形象视频"的概念做了进一步的操作化设定。根据国家发改委、住建部等部门发布的城市群规划,中国有京津冀城市群、长江中游城市群、成渝城市群、哈长城市群、长三角城市群、粤港澳大湾区、中原城市群和关中平原城市群八个国家级城市群,总共包括150个地级市。其中,运城、邢台、邯郸、安阳四个城市属于关中平原城市群、中原城市群和京津冀城市群重复覆盖的城市。在删除重叠部分后,研究样本实际涉及的城市总数为146个,样本城市位置遍布我国各大主要的地理文化区域和各大主要的国家级城市群(见表2.1)。

表2.1 样本抽样涉及八大国家级城市群概况

城市群	包含城市
长三角城市群	根据2016年5月国务院批准的《长江三角洲城市群发展规划》,长三角城市群包括上海,江苏省的南京、无锡、常州、苏州、南通、盐城、扬州、镇江、泰州,浙江省的杭州、宁波、嘉兴、湖州、绍兴、金华、舟山、台州,安徽省的合肥、芜湖、马鞍山、铜陵、安庆、滁州、池州、宣城26个市
京津冀城市群	主要包括北京、天津,以及河北省省会石家庄和另外7个地级市(秦皇岛、唐山、廊坊、保定、沧州、张家口、承德),涉及河北省8个设区市的80多个县(市)
长江中游城市群	"中三角"主要包括湖北武汉城市圈(武汉、黄石、黄冈、鄂州、孝感、咸宁、仙桃、天门、潜江)和宜荆荆城市带(宜昌、荆州、荆门),湖南环长株潭城市群(长沙、岳阳、常德、益阳、株洲、湘潭、衡阳、娄底),以及江西环鄱阳湖城市群(南昌、九江、景德镇、鹰潭、上饶、新余、抚州、宜春、吉安)

(续表)

城市群	包 含 城 市
成渝城市群	包括重庆市的渝中、万州、黔江、涪陵、大渡口、江北、沙坪坝、九龙坡、南岸、北碚、綦江、大足、渝北、巴南、长寿、江津、合川、永川、南川、潼南、铜梁、荣昌、璧山、梁平、丰都、垫江、忠县27个区(县)以及开州、云阳的部分地区,四川省的成都、自贡、泸州、德阳、绵阳(除北川县、平武县)、遂宁、内江、乐山、南充、眉山、宜宾、广安、达州(除万源市)、雅安(除天全县、宝兴县)、资阳15个市,总面积达18.5万平方千米
哈长城市群	包括黑龙江省的哈尔滨、大庆、齐齐哈尔、绥化、牡丹江,吉林省的长春、吉林、四平、辽源、松原、延边朝鲜族自治州
粤港澳大湾区	由香港、澳门两个特别行政区,以及广东省的广州、深圳、珠海、佛山、惠州、东莞、中山、江门、肇庆(珠三角)9个市组成,总面积达5.6万平方千米
中原城市群	包括河南省的郑州、开封、洛阳、南阳、安阳、商丘、新乡、平顶山、许昌、焦作、周口、信阳、驻马店、鹤壁、濮阳、漯河、三门峡、济源,山西省的长治、晋城、运城,河北省的邢台、邯郸,山东省的聊城、菏泽,安徽省的淮北、蚌埠、宿州、阜阳、亳州5省30个地级市,总面积达28.7万平方千米
关中平原城市群	包括陕西省的西安、宝鸡、咸阳、铜川、渭南5个市,杨凌农业高新技术产业示范区,以及商洛市的商州区、洛南县、丹凤县、柞水县;山西省的运城(除平陆县、垣曲县)、临汾的尧都区、侯马市、襄汾县、霍州市、曲沃县、翼城县、洪洞县、浮山县;甘肃省的天水,平凉的崆峒区、华亭县、泾川县、崇信县、灵台县和庆阳市区

二、抖音短视频的抽样方法

在确定研究具体涉及的城市群范围之后,接着对城市形象视频样本的抽样分为几个实施步骤。

第一,将视频内容涉及的空间类型按照抖音平台已有的POI(point of interest,兴趣点)对城市地点的标签进行调整,将编码分为五类不同的城市公共空间类型,然后按照各类城市空间找到对应的POI分类筛选视频。

第二,按照投稿在该城市且标题带有城市及城区名称,筛选视频标签中与六类城市空间相符合的视频,再汇总得到城市形象视频样本(见图2.1)。

图2.1　抖音城市形象视频的抽样标准图示

第三,经过初步数据清理和检查,我们发现,因为城市地标不明确,仅靠注册地(城市栏)分析,内容和城市形象实际抽样结果相差甚远。为了提高样本短视频内容与城市的相关性,提高抽样准确度,我们进一步将POI所在市和POI名称这两个标签赋值为N/A或者相关抖音短视频标题中不含有城市名的内容从样本中删除。其中,对各类城市空间类型的划分结合抖音平台的已有标签和随后人工的调整。抖音平台本身基于对短视频内容涉及的POI形成了多个层次之间相互嵌套的空间类型标签。

抖音平台短视频已有的POI标签由AI算法基于视频识别技术得出,筛选出来的视频label-score＞0.2已经是准确度相对较高的视频。其中,风景名胜、餐饮服务、城市设施、商业设施这四大类是按照四大空间类型对视频标签进行分类,政府机关类空间因为没有对应的现成的视频标签,我们的解决方案是用政府账号发布的视频内容代替视频标签。根据抖音现有的数据分布情况,这种方法的准确度更高。因此,政府机关数据源主要是选择政府账号发布的内容。

在编码过程中,我们发现,因为历史遗迹和自然景观这两个细分的城市空间类别从POI数据分类层面评估实际上比较难以区分,因此,在实际编码过程中将历史遗迹和自然景观两个类别标签合并为风景名胜类,每个视频中也带有一至三级POI细分分类供后期细化分析。最终将六类城市空间合并为五个大类,分别对应以下POI的下一层级细分分类。表2.2为POI层级的分布情况列表。

表 2.2　各城市空间类型的下级 POI 标签

风景名胜	餐饮服务	城市设施	商业设施	政府机关
瀑布	美食制作	飞机	生活探店-DIY	政府账号
划船	多人聚餐	帆船	生活探店-KTV	
天空	普通菜品	摩托车	生活探店-SPA	
石雕	美食展示-吃秀	高铁内部	生活探店-服装店	
冰雕	街边小吃	大车	生活探店-街边	
风景-平原公园	美食展示-火锅	交通-车站	生活探店-酒吧	
烟花	面食	击剑	生活探店-棋牌桌游	
风景-山地	零食	田径-短跑	生活探店-手办	
树木	糕点	围棋-多人对弈	游乐园	
菜地	美食展示-水果	高尔夫球	过山车	
森林	美食展示-奶茶	竞技体操	吊威亚	
长城	西餐	球类项目-台球	鬼屋	
溶洞	美食展示-牛奶	网球	婚礼-婚纱摄影	
人文-现代建筑	美食展示-茶	排球	婚礼-婚宴酒席	
风景-海景	美食展示-粽子	跆拳道	建筑装修-家装主材	
水下摄影	美食展示-其他饮品	拳击	建筑装修-商务办公装修	
风景-沙漠	烤肉	跳高	建筑装修-室内装修效果	
庙会	美食展示-烤串	球类赛事	卖鞋	
秋千	美食展示-日本料理	游泳	美发-编发教学	
花卉	美食展示-冰激凌	田径-马拉松	美发-剪头发	
人文-历史遗迹	美食展示-咖啡	操场运动会	美发-烫拉染	

（续表）

风景名胜	餐饮服务	城市设施	商业设施	政府机关
动植物-熊猫	美食展示-竹酒	羽毛球	美容-美容院	
草原	美食展示-烤全羊	瑜伽	美容-整形机构	
缆车	高端菜品	轮滑	摩托艇	
果树		篮球	汽车介绍-汽车介绍	
高空玻璃桥		钓鱼	亲子服装	
		足球	赛车	
		城市文化	维修改装-喷漆	
		人文-博物馆	维修改装-修车	
		古筝体验	蹦极	
		铁艺		
		汉服男		
		琵琶		
		礼仪		
		蛋雕		
		算盘		
		沙画		
		竹艺		
		戏服		
		刺绣		
		中国象棋		
		钢笔书法		
		素描/速写		
		相声		

（续表）

风景名胜	餐饮服务	城市设施	商业设施	政府机关
		玉雕		
		木雕		
		武术		
		中国画		
		缝纫		
		糖艺		
		陶艺		
		毛笔书法		
		油画		
		双截棍		
		剪纸		
		汉服女		
		水彩画、水粉画		
		读书类视频-图书馆		
		舞龙		
		藏舞、蒙古舞		
		舞狮		
		西洋乐器-管弦类乐器		

  关于样本抽样的标准，我们规定，在抽样范围内的视频需要同时满足：第一，需要能够按照POI被归入五大类城市空间；第二，相关短视频限定视频标题中带有该城市名称；第三，短视频内容的投稿地必须在该城市。只有同时满足三条标准，方能作为抽样对象纳入分析范围。例如，上海的风景名胜类视频为带有风景/森林/历史遗迹等视频标签、标题为上海、投稿城市为

上海的视频。按此标准进行抽样，共涉及146个城市，作为抖音城市考察的对象。

三、分析测量指标与工具

考虑到研究抽样总体的体量巨大和对海量大数据进行人工编码在实际操作上的难度，本章实际用于测量相关变量的指标大多采纳抖音数据平台直接形成的后台数据和抖音平台算法为短视频数据打上的各类标签。研究以单个城市或单条短视频（包括围绕短视频产生的UGC）作为基本分析单位。

就研究测量工具涉及的抖音城市形象建构实践维度而言，主要包括以下几个方面。首先是特定短视频涉及的城市空间类型和城市本身名称及所属城市群。其次，还包括一系列围绕特定短视频本身特征的测量指标（具体包括视频发布时间、长度、投稿时间、作者信息、账号类型、背景音乐应用、业务划分等），短视频作品中体现生产者在媒介实践过程中身体涉入的系列变量（特技、自拍、滤镜、合拍等），牵涉短视频生产者和消费者在虚实之间进行穿梭的相关变量（例如，POI是否被认领，网友们线下打卡行为等相关情况），网友经由短视频产品与作者或其他网友之间形成的互动参与（包括参加各种抖音挑战、应用贴纸等）。

四、城市个案的数据可视化

除了对按以上流程抽取的样本进行量化的统计分析之外，本书还结合大数据分析和数据可视化等多种手段展开质化的案例分析。在大数据分析之外进行质化的文本分析，主要是为了基于前文对于媒介实践概念的解析，更清晰地揭示出不同的抖音实践与特定城市具体文化特征之间的关联方式。

在本章后文中，我们将结合各个国家级城市群本身独特的具体特征，选取各个城市群中比较典型的区域性抖音热点中心城市来展开更为深入的数据可视化分析。该部分的研究结合相关热点城市的具体情况，采用数据可

视化方法与质化案例分析方法,针对典型案例内部抖音形象热点的分布状况和各个区域性热点城市中最热门的视频内容,进行更为深入细致的描绘和分析。在整体研究设计上,我们之所以在考察各个城市群区域性热点时结合质化和数据可视化方法,一方面是为了能够更精细地将城市内部抖音热点地点的传播情况展现出来,另一方面也是为了更恰当地将典型案例城市放置于具体城市群特有的文化和地理场景中加以深描式地描绘分析。

第二节　抖音城市的热度标准

抖音平台凭借大量网民的参与,依靠"记录美好生活"的基本理念,不仅塑造了不少抖音平台的意见领袖网红名人,更催生了一批网红城市和网红城市地点。据马蜂窝旅游网发布的《2018年五一出行趋势报告》,重庆洪崖洞成为新晋网红景点,热度跃升全国第二,仅次于故宫。同是抖音网红城市的西安是抖音上仅次于重庆的热门旅游目的地。听着《西安人的歌》去永兴坊喝酒摔碗释放心中的英雄气概,穿越时空与兵马俑一起跳舞领略秦史的韵味,穿汉服逛汉城湖梦回汉长安,成为抖友西安之行的打卡方式。一首独属西安的陕派摇滚,带火了千年古城的美景、美食。与此类似,重庆的洪崖洞、磁器口古镇、解放碑、朝天门、长江索道等都已成为抖音网友蹭热度的热门目的地。不仅如此,不少抖音网友还积极地参与并模仿那些已经吸引大量网友的优质短视频的内容或形态,结合挑战互动、文艺舞蹈和景点拍摄等各种方式,不断催生出新的抖音城市热点。

除了已知的部分典型抖音热门地点和城市之外,抖音平台上各个城市形象的热度分布按照城市形象热度的累计量和平均单条短视频内容的区分,在点赞数、分享数、下载数、播放量和评论数等不同的维度上分布情况如何?抖音城市形象的热度是否与城市综合发展水平的等级划分存在相关关系?不同的国家级城市群中,区域性中心城市的抖音热度分布和热门视频究竟是怎样的状况?不同地理文化区域的城市群中,区域性抖音热点城市呈现出来的形象具有哪些不同的形态?针对上述问题,从对短视频数据的宏观分析结果看,2018年1月1日至2019年6月1日期间,抖音数据中的城市形象传播在热度分布上主要呈现出以下几个方面的特点。

第一,从累计播放量、分享数、点赞数、评论数来看,北京、广州、杭州、上海、深圳、重庆和成都七座城市已经成为抖音平台城市形象建构场域中最为重要且稳定存在的七个巨型城市节点。

从抓取到的146个城市的抖音数据来看,样本中所有城市传播相关短视频作者平均在平台的注册天数为465天(长度范围从3天到993天,标准差为175.18天)。换言之,抖音城市相关短视频的生产者中,大部分都已经在抖音平台活动了超过一年的时间,群体对于抖音平台的应用方式和传播机制理应具有一定的熟悉度。有超过七成的用户曾不止一次主动为抖音短视频平台生产与城市或城市中特定POI公共空间地点相关的短视频内容。抖音城市形象建构的实践者表现出对平台逻辑一定的熟悉度,以及具有在较长时间段内反复生产内容的能力。

除此之外,数据显示,抖音短视频平台汇聚了大量对城市传播感兴趣的网民。具体到城市相关内容,抖音城市形象相关短视频吸引了巨大的网民点击量、播放浏览量和点赞数。根据对抖音平台城市相关短视频累计播放量的统计分析,我们发现,样本收集的所有八大城市群共146个城市中,平均每条城市相关短视频累计播放量达到749.77万次(范围从2 458次到28.7亿次)。平均每条与城市相关的短视频累计点赞数达到25万次(范围从1次到177.2万次)。其中,按照对短视频累计播放量的排名,北京、成都、杭州、上海、重庆、金华、郑州、南京、东莞和合肥等25个城市(见图2.2)成为短视频累计播放量超过千亿次的抖音热门城市。对数据细加考量可以发现,累计播放量过千亿次的抖音热门城市遍布我国主要的国家级城市群,包含经济发展水平、地理位置和城市规模各有不同的城市类型。从研究对抖音城市传播热度的初步描述中大致可以看出,相比线下,抖音技术平台上各个城市的可见度与传播热度获取的逻辑出现了显著的不同。换言之,数字媒介技术生成的新的抖音城市生态,为不少新近崛起的新一线或者二线城市提供了难得的公众可见度和发展机遇。

仍然以抖音平台累计的热度总量指标作为统计热度的标准,在城市相关短视频累计点赞数最高的20个城市中(见图2.3),排名前七的城市与累

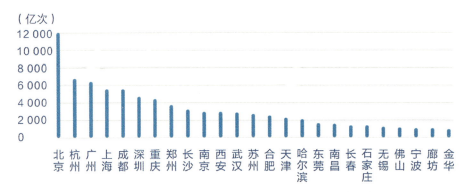

图2.2 抖音平台短视频累计播放量超过千亿次的城市

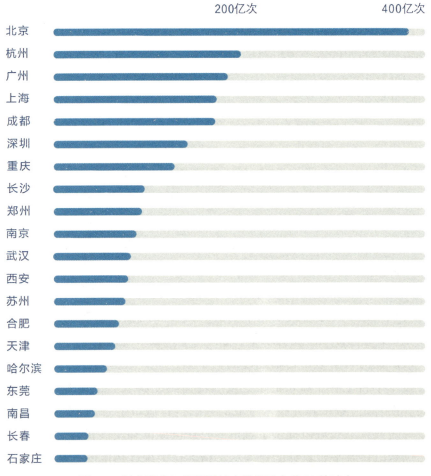

图2.3 抖音平台短视频累计点赞数排名前20的城市

计播放量排名前七的城市完全重合,而排名略微靠后的城市之间先后排序的差异也并不明显。换言之,城市相关短视频在平台上的累计播放量与累计点赞数之间存在比较明显的相关和对应关系。大体上可以认为,在抖音平台上累计播放量越大的城市相关短视频,获得的累计点赞数相应地越大。

在所有146个城市相关短视频中,短视频累计评论数排名前20的城市中(见图2.4),吸引评论最为热门的城市排名次序与累计播放量和累计点赞数排名存在比较高的一致性。其中,发生变动比较明显的是抖音网红城市重庆。重庆在抖音平台短视频累计播放量和累计点赞数排名前20的城市中排名第七,但累计评论数排名第五。相比播放,评论被视为网民与抖音城市

图2.4 抖音平台短视频累计评论数排名前20的城市

更加深度的互动。重庆在吸引更多网民评论方面的优势可能影响其作为抖音网红城市所获得的热度。

从抖音平台城市相关短视频累计分享数排名前20的城市（见图2.5）的数据分布来看，有19个城市在抖音平台上获得的累计分享数超过亿次。累计分享数和累计播放量与累计评论数相关性比较明显。与累计播放量、累计点赞数、累计评论数等指标不同，短视频获得的累计分享数更多指向城市形象建构短视频作为抖音实践生成出来的内容在不同社交媒体平台之间的跨平台传播能力。

根据各项累计传播效果指标的统计结果，可以发现，北京、广州、杭州、

图2.5　抖音平台短视频累计分享数排名前20的城市

上海、深圳、重庆和成都七座城市稳定地在城市相关短视频累计分享数、累计点赞数、累计播放量和累计下载数（见图2.6）等热度指标排名中名列前茅。七座城市中，既包括北上广深四个经济和社会文化发展都比较靠前的一线城市，也包括重庆和成都等新晋抖音网红城市。从实际产生的抖音城市生态来看，七座城市在传播总量的各项指标上都构成抖音场域中最为重要且稳定的抖音巨型城市节点。

第二，从统计上控制不同城市在抖音平台上短视频数量差异造成的影响后，各个城市相关短视频在抖音平台上的累计播放量、累计点赞数、累计评论数、累计分享数和累计下载数等指标之间高度显著相关。

图2.6　抖音平台短视频累计下载数排名前20的城市

我们对累计播放量、累计点赞数、累计下载数、累计评论数等几项数据之间的双变量统计相关关系做了进一步的分析。为了控制不同城市相关短视频发布总量对以上指标相关关系可能造成的影响，我们将各个城市抖音短视频数量作为控制变量，考察各个累计数量指标之间的偏相关系数。根据统计相关系数，研究分析得到双变量相关系数矩阵（见表2.3）。控制抖音发布短视频的总量是为了排除大量发布短视频的做法对抖音城市传播热度可能产生的影响。偏相关系数数据分析发现，控制各个城市发布短视频数量的因素后，累计播放量、累计点赞数、累计评论数、累计分享数和累计下载数等指标之间显著高度相关。

表2.3 控制短视频发布总量后累计热度指标间的相关系数矩阵

变 量	累计播放量	累计点赞数	累计评论数	累计分享数	累计下载数
累计播放量	1	.992**	.943**	.958**	.953**
累计点赞数		1	.952**	.945**	.935**
累计评论数			1	.902**	.902**
累计分享数				1	.985**
累计下载数					1

注：*p＜.05，**p＜.01，表内数据为偏相关系数。

根据表2.3的相关系数矩阵数据可以看出，累计播放量、累计评论数、累计分享数、累计下载数和累计点赞数之间的统计相关系数都高于.90，并且相关系数都在统计上具有明显的显著性（p＜.01）。数据分析结果提示，倘若利用统计方法控制排除掉单个城市在抖音平台上短视频发布总量的影响之后，各累计指标之间彼此相互呈现出比较强的正向相关。与某座城市在抖音平台上发布的短视频总量无关，城市在平台上获得累计关注指标之间发生比较明显的相互热度传递现象。与前文数据描述中的抖音城市热度排行的总体情况紧密相关，各变量之间的相关关系解释了以累计传播热度为指标，何以能够最终在抖音平台上形成一系列稳定的聚集各种抖音城市相关互动交往的巨型节点。

第三，从抖音平台上平均单条短视频点赞数、转发数、播放量、评论数和分享数来看，香港、澳门、北京、上海、广州和深圳等城市稳定地名列前茅，哈尔滨、延边朝鲜族自治州（简称延边）、四平、大庆等东北城市（和区域）在平均单条短视频的热度吸引力上表现出色。其中，潜江相关短视频吸引网友进行分享和下载的能力较为突出。

与累计热度指标相比，平均单条短视频获得的抖音平台传播热度更清晰地反映了不同城市形象相关短视频内容本身对网民吸引力的大小。平均单条短视频吸引力大但累计热度指标不高的抖音城市，展现出城市作为抖音节点较强的叙事能力与平台上累计热度之间的张力。

在平均单条短视频播放量排名前20的城市中（见图2.7），香港、北京、澳门、上海和广州等城市相关单条短视频内容对网民的吸引力最大。仔细比较图2.2和图2.7这两张关于播放量的图可以发现，香港和澳门这两座位于粤港澳大湾区的城市的抖音数据显得十分特殊：香港和澳门城市相关短视频累计播放量不是最多，但平均单条短视频播放量排名十分靠前。进一步查看港澳两城传播热度靠前的短视频内容可以发现，与香港的朗庭酒店、文华东方酒店、亚洲国际博览馆、东宝、兰桂坊和翠华餐厅等地，与澳门的金光综艺馆和国际机场等热门旅游打卡地相关的短视频吸引了大量网民播放观看。与前文围绕累计热度指标的分析结果相比对可以发现，港澳等城市虽然在各项累计热度指标方面没有能够成为抖音平台上稳定的巨型城市节点，但其平均单条短视频吸引网民注意力的能力却数一数二。抖音平台成为普通网民了解港澳旅游观光、城市文化风貌信息的重要渠道。而在中国内地城市中，北京、上海、广州、深圳四座传统的超一线城市平均单条短视频的播放量数据也十分突出。数据中尤其值得注意的是，哈尔滨、长春、延边等东北城市（和区域）在平均单条短视频吸引力上要远远超过这几座城市在抖音平台上获得的累计播放量。数据显示，我国东北三省的一些抖音热门城市（包括长春、哈尔滨等）平均单条短视频在平台上的"吸睛"能力非常强。我国东北地区在抖音平台上的城市形象传播具有颇为可观的传播潜力。与此形成比较，重庆、郑州和西安等新兴的抖音网红城市更大程度上依靠平台发布的短视频总数较多，城市热度显示更为活跃，在排名上则以累计播放量来获得更高的可见度。

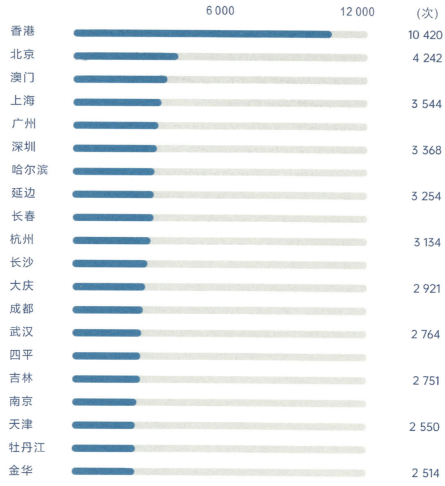

注：涉及香港和澳门的数据为内地用户在港澳游览期间拍摄的短视频，内容以城市观光为主。

图2.7 抖音平台平均单条短视频播放量排名前20的城市

从平均单条短视频点赞数来看（见图2.8），延边的表现比较突出，排名居于第六，仅次于香港、澳门、北京、上海和深圳这些传统的一线城市（延边平均单条短视频点赞数高达106.5次，哈尔滨平均单条短视频点赞数达93.49次，长春平均单条短视频点赞数达89.55次）。延边朝鲜族自治州是吉林省唯一的自治州，首府延吉市，位于中朝边境。自治州的文化形式多样，人民能歌善舞，服饰以朝鲜族民族服饰为主。城市意象中的异域风情吸引了大量网民的关注。不少与东北地区区域性热点城市相关的短视频对网友都有较大的吸引力：东

注：涉及香港和澳门的数据为内地用户在港澳游览期间拍摄的短视频，内容以城市观光为主。

图2.8 抖音平台平均单条短视频点赞数排名前20的城市

北地区独特的地方语言、幽默风趣的表达方式和音乐等本地化的特征成为提高平均单条短视频吸引力的关键所在。

　　以平均单条短视频评论数为热度指标（见图2.9）可以发现，澳门、香港、北京、上海、深圳、广州和延边等城市（和区域）相关短视频在吸引网民评论方面排名依旧最为靠前。相比之下，哈尔滨和长春两座东北城市在吸引网民点赞上的能力比其在激发抖音网民留下相关评论方面的吸引力更强。点赞实践用相对简单的方式公开表现了网民对短视频内容的赞赏和支持。

结合图2.7至图2.9可以发现，宜昌、珠海、内江和乐山等城市相关短视频虽然在吸引播放和点赞方面未能进入抖音城市热度排名的前排位置，但在吸引网民评论方面却显得较为突出。根据数据分析的结果，抖音传播热度构成与宜昌、珠海、内江和乐山等城市类似的城市或许可以着力于突出相关短视频在吸引网民评论方面的优势。不同面向的抖音热度指标为不同城市在抖音平台上另辟蹊径，采取差异化策略，有效提高自身的吸引力和传播热度提供了参考。

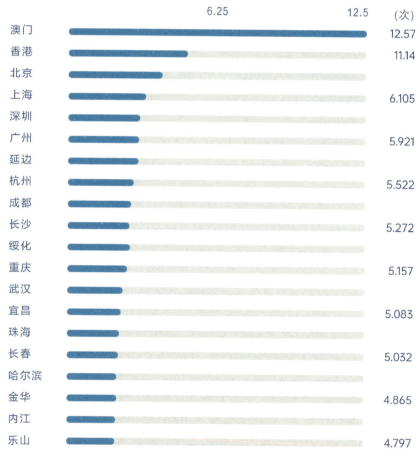

注：涉及香港和澳门的数据为内地用户在港澳游览期间拍摄的短视频，内容以城市观光为主。

图2.9　抖音平台平均单条短视频评论数排名前20的城市

从图2.10和图2.11关于平均单条短视频分享数与下载数的数据分布来看,最为有趣的是,湖北省直管县级市、位于湖北省中部江汉平原的潜江在平均单条短视频吸引网民分享和下载的数据上,排名高居第二位,仅次于香港。位于东北的石油城大庆在平均单条短视频吸引评论、点赞和播放方面表现颇为可观,在吸引网民下载和分享方面排名有比较明显的提高。延边相关数据的变化则正好相反,平均单条短视频吸引点赞、评论和播放的能力更强,但吸引网民分享和下载的能力在排名上略有后移。与点赞、评论和播放等指标指向不同,能够吸引大量网民分享和下载的短视频通常

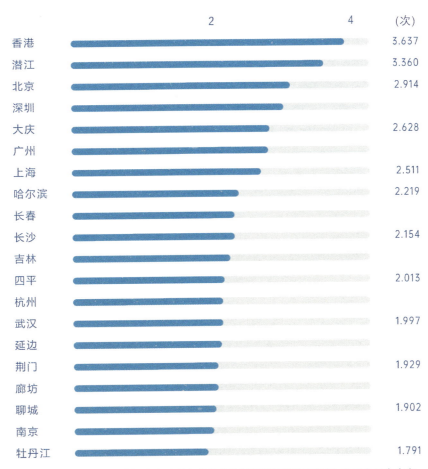

注:涉及香港和澳门的数据为内地用户在港澳游览期间拍摄的短视频,以城市观光为主。

图2.10 抖音平台平均单条短视频分享数排名前20的城市

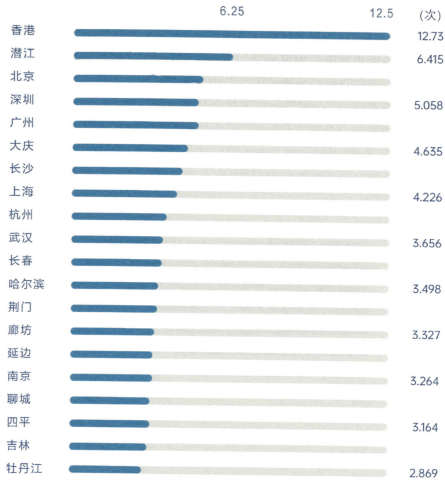

注：涉及香港和澳门的数据为内地用户在港澳游览期间拍摄的短视频，内容以城市观光为主。

图2.11 抖音平台平均单条短视频下载数排名前20的城市

在不同社交媒体平台之间发生跨平台流动的能力更强。从这个意义上来看，延边在抖音平台内的传播力要高于其跨平台流动的广度，而位于东北的大庆城市相关短视频的跨平台流动广度较其在抖音平台内部的传播热度更大。

结合图2.7至图2.11可以看出，相比累计传播效果指标上更为稳定的排名次序，就平均单条短视频吸引网民关注的能力而言，港澳相关短视频和东北地区包括长春、大庆、哈尔滨等城市相关短视频表现突出。分享和下载这两种类型的网民参与形式就其性质与热点在各城市之间的分布而言,与点赞、评论、播放等其他几类网友互动形式形成了较为明显的不同。抖音平台上涌现出类似潜江这样平均单条短视频被大量网民通过广为分享和下载在不同平台之间传播,但无论是播放量还是点赞数、评论数都尚未成为抖音热点城市。对不同类型热度指标的排名进行分析可以发现,抖音平台提供了各种各样能够衡量抖音城市热度的指标。不同指标牵涉到不同类型的抖音传播实践,并且为在七个抖音稳定巨型城市节点之外的不少城市提供了成为不同类型抖音网红城市的新机遇。

第四,仅靠提高短视频累计发布的总数对于平均单条短视频传播效果的直接影响较小。相比之下,平均单条短视频被分享和被下载的数量更多与城市相关短视频累计的传播效果指标相关。提高短视频累计发布的总数或许更有可能提高城市平均单条短视频被网友在不同社交媒体平台上分享转发的数量,或多或少地扩大城市形象传播在不同社交媒体平台之间的跨平台传播广度。

笔者接下来通过相关性分析,以求进一步了解与本书涉及的146个城市相关的所有海量抖音短视频中,各个城市累计的传播效果指标与各个城市平均单条短视频吸引网民关注的能力之间存在怎样的相关关系。为了更清楚地解释两组指标之间的统计相关关系,笔者将累计热度指标作为行,将平均单条短视频获得的各类关注作为列,制作出表2.4的相关系数矩阵。

表2.4 平均单条短视频热度与累计热度指标间的相关系数矩阵

变量	平均单条播放量	平均单条点赞数	平均单条评论数	平均单条分享数	平均单条下载数
累计播放量	.40**	.31**	.32**	.52**	.41**
累计点赞数	.39**	.31**	.32**	.52**	.40**
累计评论数	.37**	.29**	.30**	.49**	.38**
累计分享数	.40**	.31**	.32**	.54**	.42**
累计下载数	.40**	.31**	.32**	.54**	.42**
短视频总数	.31**	.23**	.22**	.42**	.32**

注:*p<.05,**p<.01,表内数据为相关系数。

根据表2.4的数据分析结果，城市在抖音平台上发布的相关短视频的总数与平均单条短视频播放量、点赞数、评论数和下载数之间，彼此相关的程度较小（相关系数范围在.22到.42之间）。考虑到皮尔逊相关系数的性质，短视频发布的总数与平均单条短视频播放量、点赞数、评论数和下载数等变量之间的共同变异的比例在.048到.10之间。双变量相关分析的结果显示，更多发布与某座城市相关的短视频，对于平均单条短视频在平台上的吸引力大小并无实质性的影响。在实践中，与其一味地追求扩大抖音发布短视频的数量和规模，不如关注如何提高抖音短视频吸引力的背后逻辑，才能有效提高城市在抖音上的热度。相比之下，在平台上与某座城市相关的短视频数量越多，对于平均单条短视频被网友分享的影响效力则更为明显。换言之，单纯提高一座城市在抖音平台上相关短视频的数量对于平均单条短视频的吸引力而言影响甚微。而提高短视频发布的总量或许更有可能提高城市平均单条短视频被网友在不同社交媒体平台上分享转发的数量，或多或少地扩大城市形象传播在不同社交媒体平台之间的跨平台传播广度。

从各项累计热度指标与平均单条短视频效果指标的相关关系出发可以发现，在抖音社交网络空间中，城市相关短视频的累计传播效果能够影响该城市平均单条短视频被网友在不同平台之间分享转发的程度。但累计热度指标与平均单条短视频吸引力之间的统计关联通常并不明显。换言之，对于抖音短视频生产者而言，投稿一条关于已有网红城市的视频，该城市已经在抖音平台上长期集聚起来的较高人气对于平均单条视频吸引力所能够作出的贡献从统计的结果上看显得十分有限。累计热度对于平均单条短视频的传播效果影响有限。城市相关短视频获得的累计热度会显著增强短视频在不同社交媒体平台之间的流动广度。就其背后的机制而言，研究结果或许意味着抖音网友在跨平台传播转发实践方面更多受到彩车效应（bandwagon effect）的影响，倾向于转发已经在平台上获得较高累计传播热度（点赞数、播放量、评论数等）的短视频。换言之，短视频累计的各种热度指标更有可能成为网民采取转发、下载等行为的重要指引。

第三节　抖音城市热点分布

抖音城市的热度与城市文化地理位置或者城市在我国整体经济社会发展结构中的位置之间存在复杂的关联。由于不同的地理区域通常带有自身独特的文化和自然环境特征，处于不同地理位置的城市的精神面貌和日常生活也会呈现出明显的差异。抖音城市热度的地理分布一定程度上显示了不同的地域文化特点与平台传播之间的关联形态。抖音城市热点与城市社会经济发展程度之间发生关联的具体方式，明确体现出城市经济发展逻辑与数字化传播逻辑之间的差异。经济发展逻辑与抖音平台数字化传播逻辑之间的差异为新一线城市或者二线城市开辟出发展空间。

笔者对抖音城市形象建构在各个地理和经济文化区域的分布情况做了更为深入的分析。在分析策略上，我们将前文提到的八个国家级城市群、我国城市按照城市综合发展水平形成的级别分类、城市的地理分布三个主要的分类变量与研究涉及的146个城市中传播热度排名靠前的城市之间进行相互对照，以求更清晰地揭示抖音城市不同侧面的热度在我国地理、经济和文化地图上具体的分布状况。

第一，从短视频累计播放量来看，虽然东部城市的热力指数占据明显优势，但在地理分布上，全国东南西北四个方位的城市群中均存在区域性的抖音城市热点中心。新一线和二线城市成为构成抖音网红城市的主体。

在图2.2抖音平台短视频累计播放量超过千亿次的几个网红城市中，约有半数以上属于相对发达的东部沿海城市或我国政治经济文化中心（上海、广州、杭州、北京等）。除了占有热度优势的东部城市之外，抖音热度上表现比较突出的还包括位于东北地区的长春、哈尔滨，以及西部和中部的一些城市。其中，西部城市中与成都相关的短视频在抖音平台上累计播放的热度超过深圳，与重庆和西安等同处西部的网红城市共同形成抖音热度排行上仅次于北京、杭州、广州和上海等东部一线城市的抖音城市第二梯队。除此之外，位于我国东北地区的哈尔滨和长春等城市也表现突出，在抖音平台上获得较高的公众可见度，吸引大量网友的关注。

笔者按照《2019年中国城市等级划分名单》对我国城市的等级类型进行划分，考察抖音短视频累计播放量超过千亿次的25个抖音热门城市在四个城市类别中的分布情况（见表2.5）。城市分级排名的结果反映的是一座城市的消费能力、城市吸引力、人口活力、发展潜力等几个维度的发展水平。城市等级划分依据170个主流消费品牌的商业门店数据、18家各领域头部互联网公司的用户行为数据和数据机构的城市大数据，按照商业资源集聚度、城市枢纽性、城市人活跃度、生活方式多样性和未来可塑性五个相关维度的统计指数而形成。城市分级的结果基本上能够比较综合地反映一座城市在经济贸易方面的活力和市民社会的发展水平。

表2.5 抖音平台短视频累计播放量超过千亿次的城市中各类城市分布

城市类别	城市数量(个)	百分比
一线城市	5	20%
新一线城市	12	48%
二线城市	7	28%
三线城市	1	4%

交叉分析城市分级与热度指标的结果显示，在抖音平台短视频累计播放量超过千亿次的城市排名中，新一线和二线城市两个类别的城市占所有城市总数的76%，成为抖音上占绝对比例的热点城市。可以认为，虽然发达城市的平台传播力依然领先，但抖音平台为我国正在迅速崛起的新一线和二线城市提供了前所未有的公众可见度，甚至是随之而来的发展契机。新一线和二线城市成为抖音网红城市的主体。

数据分布中比较引人注目的是，抖音平台短视频累计播放量超过千亿次的唯一一个三线城市是河北省廊坊市。除此以外，其他三、四线城市基本上都没有能够进入千亿级网红城市的名单。廊坊的经济发展与抖音热度之间存在一定的张力，通过抖音促进城市发展成为可以预想的路径。进一步就三、四线城市相关短视频的累计播放热度进行细化排行可以发现，在三线城市中，除了廊坊之外，洛阳、盐城、邢台、沧州等城市的抖音短视频热度排名也相对比较靠前；在四线城市中，短视频累计播放热度排名前十的城市主要有渭南、周口、运城、开封和宿州等（见表2.6）。从三、四线城市的排名情况看，城市的历史传承和各自独特的自然生态景观成为影响其抖音传播热度的重要因素。

表2.6　三、四线城市抖音平台短视频累计播放量排名前十的城市

城市类别	短视频累计播放量排名前十的城市
三线城市	廊坊、洛阳、盐城、邢台、沧州、邯郸、商丘、绵阳、唐山、阜阳
四线城市	渭南、周口、运城、开封、宿州、聊城、达州、宜宾、平顶山、安阳

抖音网红城市的热点区域在全国地理位置上的分布，从整体上来看，东部城市传播的热力指数占据相当明显的优势。抖音传播热点的分布基本覆盖我国城市化程度较高、经济最为发达和人口密度最高的几个主要区域。但从抖音热点城市的地理位置分布来看，我国东南西北四个方位的城市群中均分布着当地区域性的抖音播放热力中心（见图2.12）。例如，即便在抖音传播整体热度比较低的西部地区，乌鲁木齐和拉萨等地也作为区域性的热点中心存在。一系列区域性抖音热点中心的存在为激活城市群的热度提供了可能。换言之，可以更充分地利用区域性抖音热点中心，激活整个区域在网民中的影响力和曝光度，乃至促进整个区域的经济文化发展。

第二，就抖音平台短视频总数和累计播放量而言，一线城市与新一线城市之间并无显著差异，但在二、三、四线城市之间确实存在相应热度递减的现象，城市综合发展水平与其在抖音平台上的传播热度之间有一定的对应关系。

第一财经·新一线城市研究所等研究机构依据当年最新的170个品牌商业数据、18家互联网公司的用户行为数据和数据机构采集的城市相关大数据，对我国337个地级以上城市进行等级排名，发布《2019年中国城市等级划分名单》，将我国城市分为一线城市、新一线城市、二线城市、三线城市

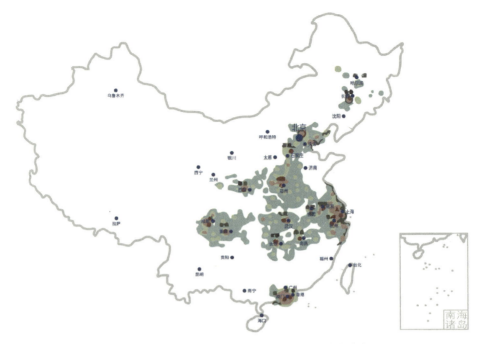

图2.12 抖音平台城市相关短视频数量级热力分布图

和四线城市五个不同的等级。依据前文围绕抖音热点的数据和《2019年中国城市等级划分名单》对我国城市的分类,本书对研究样本中146个城市各自所属等级做了划分。然后,我们用方差分析(随后加Post Hoc程序对两组间逐一比较)的统计方法,考察抖音热点城市在各个城市等级中分布的情况。

就各个级别的城市在抖音平台上的短视频总数量和累计播放量而言,方差分析发现,一线城市与新一线城市之间在发布量和累计播放量两个因变量上并不存在显著差异,但二、三、四线城市之间确实存在视频发布量和累计播放量相应依次递减的现象(见图2.13和图2.14)。一线城市和新一线城市形成了抖音平台传播热度上的第一方阵,二、三、四线城市发布量和累计播放量与城市整体综合发展程度呈正向相关。具体来说,方差分析线性模型整体上具有统计显著性,即在五个不同等级的城市之间,抖音短视频发布量($F = 105.07, p < .01$)和累计播放量($F = 80.42, p < .01$)这两个因变量存在统计上显著的系统差异。通过更为细致的事后两两比较分

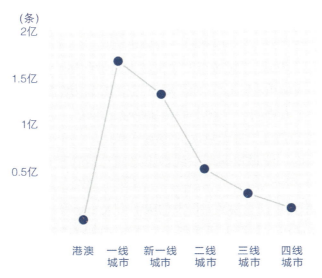

图2.13 抖音平台短视频发布量在不同等级城市间的分布

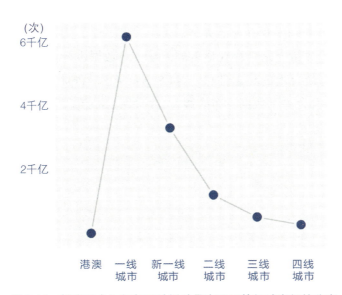

图2.14 抖音平台短视频累计播放量在不同等级城市间的分布

析(因为Levene方差齐性检验显示数据不符合模型等方差假设,故在Post Hoc检验的流程上,我们采用Tamhane更为稳健的统计数据),结果显示,香港和澳门两座城市抖音短视频发布量与累计播放量在两个指标上较一、二、三、四线城市的发布量与累计播放量都要少。新一线城市与一线城市之间在短视频发布量(p = .27)和累计播放量(p = .33)上的差异并不具有统计上的显著性,但一线城市和新一线城市比二、三、四线城市相关短视频的总量都更多。其中,二线城市的短视频发布量和累计播放量确实少于一线城市与新一线城市,但比三、四线城市还是显著地增多。总体而言,城市综合发展水平与其在抖音平台上的传播热度之间有一定的正向对应关系。城市经济水平差异对于抖音热度的影响只有在二、三、四线城市之间才凸显出来。传统的一线城市与新一线城市之间在抖音平台上的传播热度差异并不明显。

第三,从平均单条短视频对网友的吸引力大小来看(见图2.15),除了香港和澳门两座城市在数据上遥遥领先之外,一线城市形成了紧随其后的第二梯队,而新一线与二线城市之间,以及三线与四线城市之间就平均单条短视频吸引网民互动关注的能力而言不分伯仲。

为了考察城市相关抖音短视频中,平均单条短视频对网民的吸引力是否在不同城市类别中存在显著差异,笔者系统比较了几类城市之间在平均单条短视频播放量上是否存在显著的差异。对数据进行方差分析的线性模型整体上具有统计上的显著性(F = 44.5, p < .01)。Post Hoc检验进行两两比较分析(因符合关于数据分布的假设,故采用LSD流程)的结果显示,香港

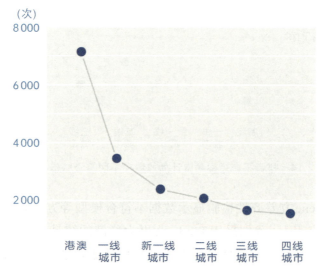

图2.15 抖音平台平均单条短视频播放量在不同等级城市间的分布

和澳门两座城市平均单条短视频播放量显著大于一、二、三、四线城市平均单条短视频播放量;一线城市平均单条短视频播放量显著大于新一线城市平均单条短视频播放量($p<.01$);二线城市在该项指标上与新一线城市之间并不存在统计上的显著差异($p=.21$);三线城市与四线城市之间在平均单条短视频播放量上不存在统计上的显著差异($p=.36$)。

第四节 城市群的区域性抖音热点

根据前文围绕抖音城市传播热点分布的分析结果,我国各个地理区域都存在各自的区域性抖音热点城市。对此,我们进一步采用质化研究方法,对每一个城市群中现有的区域性抖音热点城市进行更为细致深入的分析。

通过深入揭示不同地理区域和城市群中区域性抖音热点城市内部各个网红地点之间的传播热力分布与其中热度最高的短视频内容,本节意在更清晰地揭示抖音城市形象建构的媒介实践与城市自身地理文化特征之间的多重关联。

一、长三角城市群:亲民的消费主义魔都

长三角城市群是我国经济最为发达的区域。城市群以上海为中心,位于长江入海之前的冲积平原。根据2016年5月国务院批准的《长江三角洲城市群发展规划》,长三角城市群包括:上海,江苏省的南京、无锡、常州、苏州、南通、盐城、扬州、镇江、泰州,浙江省的杭州、宁波、嘉兴、湖州、绍兴、金华、舟山、台州,安徽省的合肥、芜湖、马鞍山、铜陵、安庆、滁州、池州、宣城共26个城市,国土面积达21.17万平方千米,居住于此的总人口超过1.5亿人。长三角城市群是我国面积最大、人口最多、综合实力最强的城市群。2018年,中国GDP同比增长6.6%,实现预期目标,GDP总量首破90万亿元,稳居全球第二,其中,广东和位于长三角地区的江苏两大超级强省各贡献了近

10万亿元。

上海作为长三角城市群中唯一的龙头城市，更是整个中国全球化的前沿和经济贸易发展的中心。无论是从2018年GDP总量还是从区域城市形象传播来看，上海都表现出无可比拟的强势态势。从上海城区抖音传播的热力图（见图2.16）来看，从外滩开始向延安高架桥西边延伸的浦西老区表现出强劲的吸粉实力。其中，热力最高的区域出现在人民广场、南京东路、新天地、淮海中路等老牌热门旅游地附近，位于浦东新区川沙镇的迪士尼乐园作为一块媒介化的"飞地"也是上海热门的抖音打卡地之一。

上海被人们称作魔都。这个叫法最早可以追溯到20世纪初旅居上海的日本作家村松梢风的畅销小说《魔都》。这部小说第一次以魔都来称呼上海。在当代中国人眼中，魔都特有的海派文化更多体现为包容、多样、有创新精神且洋气十足的国际大都市气象。传统的城市符号有城隍庙的五香豆、小笼包，穿着旗袍、有民国范儿的摩登女郎，外滩大楼里穿梭的白领精英，摩登炫彩的夜上海。从热点短视频内容来看，抖友们的拍摄实践将城市形象符号更加细化，更加日常生活化，让魔都的形象更亲民，展现了城市空间中多元化的消费和生活方式。

值得注意的是，在上海城市相关抖音短视频累计播放量排名前十的视频（见图2.17）中，绝大多数是个人账号（而非机构账号）发布的视频。普通市民是抖音短视频平台内容创作和发布的主力。抖音使得人人都可以拍摄、传播的小视频成为个体话语。相较各级政府宣传的宏大话语，个人化的讲述方式有一种独特的真实性和感染力（林燕、刘体凤，2018）。短视频内容较多涉及餐饮服务、城市设施、商业设施和风景名胜。上海的商业空间注重打复合资源牌。在排名前十的短视频中，上海外滩星空错觉艺术馆和各种新潮的美食餐饮场所作为网红地点上榜，并且都带有不同的挑战话题。短视频发布者通过参加一些趣味性的挑战增强与受众的交流互动，提高了上海商业设施、城市设施的曝光率。餐饮店鳗一活鳗炭火烤肉邀请抖音达人"@多余和毛毛姐"参与拍摄，并且添加挑战项目"#跟着抖音嗨吃上海"，不仅有达人自带的流量，还能通过参与挑战获得更多平台流量扶持，实现更完整的资源整合和线上流量的线下变现。

第二章 抖音城市的热点

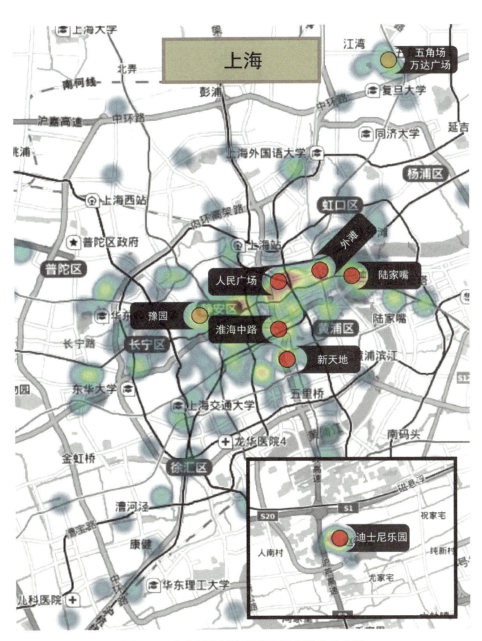

图2.16 上海城市形象抖音短视频热力分布图

图2.17 上海城市相关抖音短视频累计播放量排名前十的视频

总体上看,上海城市形象在抖音短视频的塑造中展现出作为经济中心城市更亲民的姿态、更多元的生活方式,城市消费结构不断升级,在城市不断增加曝光的前提下,推动长三角城市群整个区域消费经济的发展。

二、成渝城市群:火辣热烈的休闲生活

成渝城市群指成都与重庆两座城市周边及之间的区域。不同于长三角城市群仅有一个明确的核心城市上海,成渝城市群有成都和重庆两个核心城市。除了双核作为热点中心城市外,成渝城市群的地理范围涵盖四川省的成都、绵阳、南充、遂宁、内江和自贡等市,以及重庆市的原地级重庆市和涪陵市的辖区。成渝地区是中国西部经济文化最发达的区域,也是中国重要的城市群和经济区之一。2018年,重庆和成都两城的GDP总量分别达到

20 363亿元和15 342亿元人民币，同比增长均超过6%。从该区域城市相关抖音短视频总数的占比来看，成都和重庆分别位列该区域的第一和第二，两城相关的短视频发布总数加起来超过整个城市群所有城市相关短视频总数八成，是绝对的区域性抖音热点城市。

1. 成都：一座来了就不想离开的城市

在著名导演张艺谋2003年为成都拍摄的城市宣传片中，成都被称作"一座来了就不想离开的城市"。影片通过视觉呈现对成都这座极具文化底蕴的休闲城市有了更深层次的剖析，使这部城市宣传片成为中国城市形象宣传的开山之作，也强化了成都"来了就不想离开"的城市标签。之后风靡一时的民谣《成都》更将成都城市街角独特的场景与细腻的人情相结合，柔化城市形象，给"来了就不想离开"提供更多的理由。从城市热力图（见图2.18）可以明显看出成都有两个热点区域，一个是汇聚美食的宽窄巷子，另一个是繁华的商业休闲街区春熙路。

在由抖音短视频创造出来的城市形象中，成都遍地有火锅串串店，帅哥美女养眼，随处可以坐下来喝茶打麻将。休闲安逸的生活方式让成都不负"休闲之都"的称号。在成都城市相关抖音短视频累计播放量排名前十的视频（见图2.19）中，半数以上都是与美食相关的视频。除了成都的火锅，视频中更多的是遍布成都大街小巷、市井味十足的各种地方特色"苍蝇馆子"。除此之外，热辣的美女帅哥也是成都城市形象的一部分。在累计播放量排名前十的视频中，除了网红拍摄地成都远洋太古里外，还有画面中洋溢着青春活力的川妹子、火锅店的帅气男老板，把美人与美食这两个重要的要素都包含在内，共同拉动短视频热度的提升。

值得注意的是，在抖音平台上，"#成都美食"这个抖音话题的累计播放量截至2019年7月已经高达12.6亿次。火锅、串串等具有成都地方特色的美食红遍全国，吸引了来自国内外的数千万名游客前来网红地点实地打卡。除此之外，与成都相关联的另一个话题"#跟着抖音耍成都"也在平台上拥有超高的播放量——累计播放量高达22.6亿次。在此话题下，你可以看到萌萌的圆滚滚的国宝大熊猫、令人惊叹的国粹川剧变脸表演等展现成都文化魅力的优质短视频。抖音短视频对成都城市形象的传播进一步强化了

跳动空间
抖音城市的生成与传播

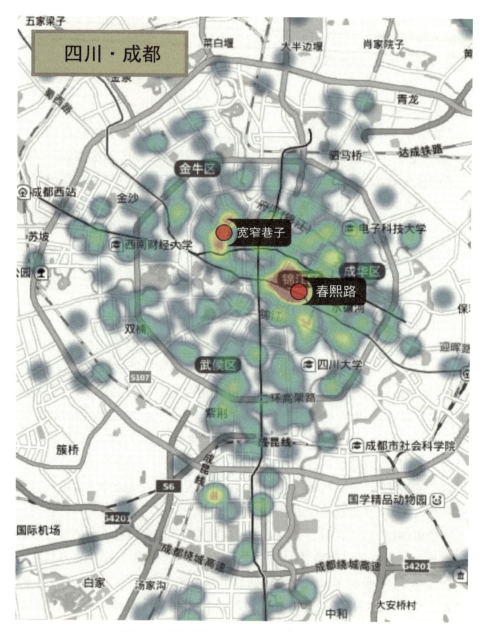

图2.18 成都城市形象抖音短视频热力分布图

第二章　抖音城市的热点

图2.19　成都城市相关抖音短视频累计播放量排名前十的视频

"休闲之都"的城市形象。与此同时，政府机关账号发布的黑豹特警队视频，展现特警群体阳刚坚韧的正面形象，同时丰富了城市区域形象。多元地方美食和成熟商业休闲设施令"来了就不想离开"的成都形象得到更具人情风味的公共展示。

与此紧密相关，2018年9月27日，成都与抖音共同举办"你我的成都　时尚安逸DOU起来"发布会，达成战略合作关系。成都市政府借助抖音平台及短视频形式，全方位立体化地展示成都城市形象。成都相关短视频在抖音短视频平台上爆款无数，成了名副其实的抖音之城。同属于西部城市的西安，也通过官方合作的方式传播西安城市形象，同样收效甚佳。抖音平台上这两个城市吸引的巨大流量甚至改变了线下人才的流动方向。2019年，这种流量带来的红利促使政府进一步加快人才落地计划，把最好的人才留住才能更加有效地建设和发展城市。自2019年开始，西安和成都这两座抖音网红城市先后执行新的人才落户政策。随着抖音流量迅速流向线下，一轮抢人才的大战在中国西部地区率先爆发。

跳动空间
抖音城市的生成与传播

2. 重庆:"不知身在第几层"的五维山城

同为成渝城市群中在抖音平台上的区域性热点城市,重庆地处中国内陆西南部,是我国中西部唯一的直辖市、国家中心城市和海内外闻名遐迩的"火锅之都"。重庆是巴渝文化的发祥地,是我国历史文化名城。城市总面积为8.24万平方千米。2016年3月,重庆提出"山水之都,美丽重庆"的城市旅游主题宣传口号,重庆逐渐成为抖音平台上最有魔幻色彩的5D山城。

从城市内部抖音热点分布来看(见图2.20),热点主要集中在李子

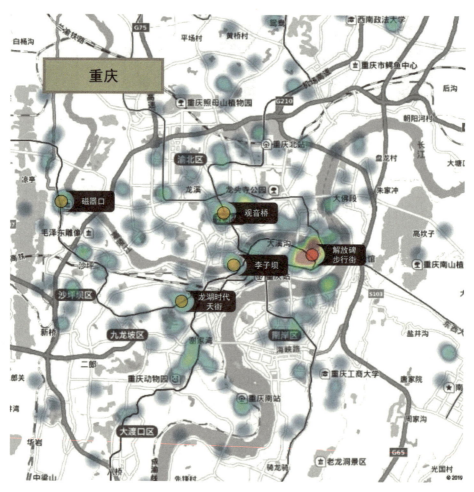

图2.20 重庆城市形象抖音短视频热力分布图

坝、解放碑和观音桥等热门地点。若细致考察重庆城市相关抖音短视频累计播放量排名前十的视频（见图2.21），可以发现两个突出的特色——山城的魔幻轻轨空间和火辣的重庆美食。在热度最高的十条抖音短视频中，有四条短视频内容都与重庆网红打卡地点"穿楼"轻轨有关。轻轨穿过人们居住的楼宇这样的重庆奇景，一方面体现出我国轨道交通技术和降噪技术的发展与进步；另一方面，魔幻轻轨凸显出重庆山城垂直空间与抖音竖屏呈现方式契合，共同建构出5D魔幻空间的城市特色。除此之外，重庆与成都类似，都突出了本地美食的重要。重庆城市相关抖音短视频中不少是网民竞赛挑战吃辣的能力。有抖音网友驱车长途1 500千米来到重庆，就为了参与吃辣挑战，体验被重庆辣椒辣翻的感受。短视频中火热的食品，人们烹制品尝食品过程中展现出来的嗅觉、味觉、视觉刺激，连同吃辣挑战中重庆人体现出来的火辣性格发生完美的聚合效应，建构出火辣重庆的城市形象。

图2.21 重庆城市相关抖音短视频累计播放量排名前十的视频

三、京津冀城市群：四九城抖出的新精神

京津冀城市群是中国首都经济圈的区域扩展，是中国的政治、文化中心，更是中国北方经济的核心区。城市群包括：北京、天津两大直辖市，河北省的保定、唐山、廊坊、石家庄、秦皇岛、张家口、承德、沧州、衡水、邢台、邯郸、定州、辛集，河南省的安阳等城市。其中，北京、天津、保定、廊坊为城市群中部的核心功能区，京津保地区率先联动发展。城市群主要由通过京津、京保石、京唐秦三条轴线，向周围辐射的所有城市构成。城市群区域的总面积占全国总面积的2.35%，人口数量却占全国总人口数量的7.24%。

京津冀城市群中，北京毫无疑问是城市群抖音形象中的热点中心。北京是中华人民共和国的首都、国家中心城市、超大城市、全国政治文化中心，也是世界著名的历史古都和现代化国际城市。北京的中心地位在抖音平台上得到相应体现。在研究总样本中，有9%的短视频与北京相关（绝对数量达到4 460条），在京津冀城市群所有抖音短视频的总数中占比高达64%。北京成了抖音城市热度的绝对中心。

北京城市形象抖音短视频的热力点大多集中在三环范围之内的城市中心地带，分布上更偏东南方向，西城区、东城区、朝阳区三区与抖音热点区域发生的重合较多。东城区、西城区二区多体现北京的历史文化，如天安门、故宫、景山等文化地标。经济中心以王府井和西单等商圈为代表。朝阳区多以经济娱乐为中心，以三里屯商业街为典型地标。除此之外，以鼓楼为中心的南锣鼓巷区域、以798艺术中心为热点的艺术街区同样也成为聚集人气的热点区域（见图2.22）。传统的历史肌理、时尚的文化基因、超大城市的生活半径使北京拥有多个人气区域。以故宫为中心纵向延伸，一定程度上象征着中华文明五千年的文化根基，老北京的"老"如此得到体现。而从老城区向四周延伸，娱乐文化经济等活力圈不断出现，代表着无数来北京奋斗拼搏的年轻活力。新时代的发展通过这些热力圈体现出老北京在抖音平台上抖擞出来的新精神。

从北京城市相关抖音短视频累计播放量排名前十的视频（见图2.23）的

第二章 抖音城市的热点

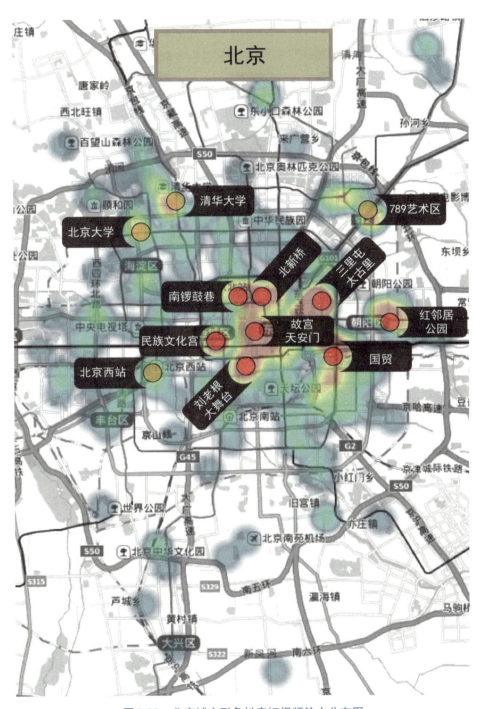

图2.22 北京城市形象抖音短视频热力分布图

图2.23 北京城市相关抖音短视频累计播放量排名前十的视频

具体内容看,北京城市形象的抖音短视频构成呈多元化。传统的地标天安门广场榜上有名,高等学府清华大学和潮人聚集地三里屯时尚圈同样跻身传播热度前十榜单。

相比成都、重庆的抖音形象更突出城市与美食之间的关联,抖音平台上呈现出来的北京形象更加凸显民族国家认同、城市文化、娱乐演艺和社会热点等多重面相。此外,在累计播放量排名前十的榜单中,还有两条近一分钟的短视频讲述"北漂一族"在北京奋斗的故事。视频作者在平台上传视频时特意添加话题"#北漂"。带有标签的短视频内容更讲求个人叙事,两条视频均是讲网民个人更换生活住所的故事。北京对无数心怀梦想的年轻人来说,是实现理想、检验个人能力的目标城市。这里有数以百万计"北漂一族"共同的美好憧憬、拼搏奋斗,也有彷徨失措、迷茫低落。

上千万甚至上亿次的阅读量背后透露出大量北漂年轻人与城市之间

发生的关系及其独特的情感心理。例如,排名前十的视频中有一条发自清华大学的短视频,讲述了一个具有共性的故事:主人公能够考上名校固然开心,但人生还会有更多的如意与不如意,抱有平常心比什么都重要。类似的短视频吸引了大量网民点击播放,反映出在现代化国际大都市中,大量的普通人在紧张繁忙的日常生活工作中所必须付出的汗水和努力。国际大都市特有的生存状态和集体心理在抖音平台上被呈现出来,吸引了大量共情关注。

四、粤港澳大湾区:浓浓市井味道的"吃货天堂"广州

粤港澳大湾区由香港、澳门两个特别行政区和广东省的广州、深圳、珠海、佛山、惠州、东莞、中山、江门、肇庆(珠三角)9个城市组成,总面积达5.6万平方千米。2018年年末总人口达7 000万人,是中国开放程度最高、经济活力最强的区域之一,在国家发展大局中具有重要战略地位。2018年10月,港珠澳大桥正式开通,除了成为桥梁建造史上的一个伟大的奇迹外,大桥的建成还为增强大湾区各个城市之间的合作关系奠定了扎实的基础。港珠澳大桥的开通大大降低了三地之间的通勤时间,人员物流成本得到有效控制,城市群中各个城市之间能够更好地实现互融互通、协同发展。

作为我国经济开放和经济创新的标杆区域,广东省的省会城市广州是中国三大最主要的门户城市之一,改革开放前沿阵地深圳是我国三大金融中心之一。粤港澳大湾区总面积不足国土面积的1%,人口不足全国人口总量的5%,地区生产总值却占国内生产总值的11%。前文数据显示,在抖音平台上,广州相关短视频稳定地占据累计播放量、累计点赞数、累计评论数、累计分享数和累计下载数等多个热度指标排名前三的位置,成为抖音城市形象建构过程中无可争议的区域性巨型城市节点。

从广州城市形象抖音短视频热力分布图(见图2.24)来看,城市内部有两个主要的传播热力中心。一个是与珠江新城隔江相望的广州塔,以及向北延伸的天河体育中心等公共景区与商业设施密集覆盖的区域。天河体育中心作为重要的城市公共设施,直接带动了天河区的整体发展。体育中心

跳动空间
抖音城市的生成与传播

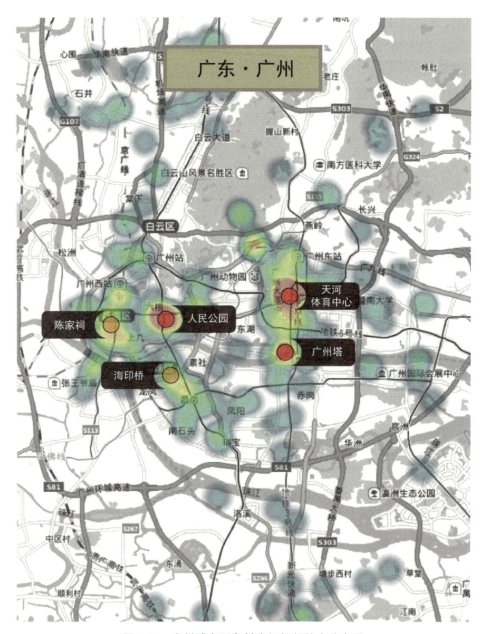

图2.24 广州城市形象抖音短视频热力分布图

第二章　抖音城市的热点

周边已经逐渐形成闻名全国的天河商圈。天河体育中心成为广州城市新中轴线上最为璀璨的明珠。2018年11月24日，天河体育中心入选"第三批中国20世纪建筑遗产项目"。另一个是以广州越秀区的人民公园为中心，包括海印桥和陈家祠等地点的城市休闲热力区。人民公园位于广州老城传统中轴线上，是广州最早建立的综合性公共公园。人民公园毗邻广州市政府机关，是多条地铁线路和公交线路的交汇点。公园内设有盆景园、儿童游乐场、敬老亭、露天音乐茶座、展览大楼等设施，以及多座著名的城市雕塑作品。公园便利的交通、舒适的休憩环境和各种标志性景点的汇聚使其很快成为市民日常休闲自拍的热点打卡地。

在广州城市相关抖音短视频累计播放量排名前十的视频榜单（见图2.25）中，被称为"小蛮腰"的广州电视塔出现两次，成为广州抖音城市形象传播中最为重要的地标符号。"小蛮腰"是广州的标志性建筑物，辨识度高。广州电视塔塔身168—334.4米处设有蜘蛛侠栈道，是世界最高最长的

图2.25　广州城市相关抖音短视频累计播放量排名前十的视频

空中漫步云梯，很容易与抖音传播偏重具有较强视觉刺激的"奇观"之特点相符，形成网红拍摄抖音短视频的媒介化地点。排名前十的视频中有五条视频与广州的食物有关。其中，两条是通过食物展开个人叙事。食物在短视频叙事中成为传达情感的重要介质。两个故事都展现了拼搏奋斗的正能量。其余三条全是广州的地方特色小吃。公众UGC自发形成的传播体系中，具有广州地方特色的饮食标签依然表现出强烈的吸引力，抓住游客的心还是要从抓住游客的胃开始。

除了以上特点外，值得一提的是，广州热门城市传播视频的发布者中有两位属于比较著名的抖音达人和明星，排名第一的视频的发布者是歌手孙耀威，排名第四的视频的发布者是拥有千万粉丝的美食达人"@浪胃仙"。抖音平台意见领袖与各种达人自带的线上流量，对带动城市短视频热度提升产生了很大的积极作用。此外，两条美食视频均参与挑战。其中，"#跟着抖音嗨吃广州"的挑战话题已经吸引超过2.4亿次播放量，"#不出广州吃遍亚洲"的挑战话题累计产生超过6.9亿次播放量。考虑到抖音建构的广州形象中餐饮占据十分显著的地位，广州的城市标签毫无疑问可以加一个"吃货天堂"。

五、长江中游城市群：经济快速增长的"大火炉"武汉

长江中游城市群承东启西、连南接北，是长江经济带的重要组成部分，也是实施促进中部地区崛起战略、全方位深化改革开放和推进新型城镇化的重点区域。长江中游城市群在我国区域发展格局中占有十分重要的战略地位。国家发展改革委2015年印发的《长江中游城市群发展规划》，将长江中游城市群定位为中国经济发展新增长极、中西部新型城镇化先行区、内陆开放合作示范区和"两型"社会建设引领区。城市群以武汉为中心城市，涵盖武汉城市圈、环长株潭城市群、环鄱阳湖城市群，辐射湖北、湖南、江西三省31.7万平方千米的面积，辐射人口总数达1.21亿人。

从抖音热度数据分析来看，该城市群有武汉和长沙两个区域性热点中心城市。从区域城市形象短视频的数量来看，两座城市短视频数量的总

和占该区域短视频总数半数以上。其中,与武汉相关的短视频占比30%,为该区域短视频数量第一,长沙以24%的比例位列第二,南昌占据总数的11%。虽然武汉是区域中短视频热度最大的城市,但相比长三角城市群和成渝城市群的热门城市,武汉在区域热门视频中传统地标和特色食物出现的频率整体偏低。武汉城市形象内部热力分布的重点区域在吉庆民俗街附近。集中于长江、汉江的交汇区域,新世界百货、黄鹤楼、循礼门和中山公园等商圈、风景名胜和市民休闲设施已经成为抖音网友热衷的打卡地点(见图2.26)。城市整体的传播热力指数相较西部新一线城市成都和重庆稍显

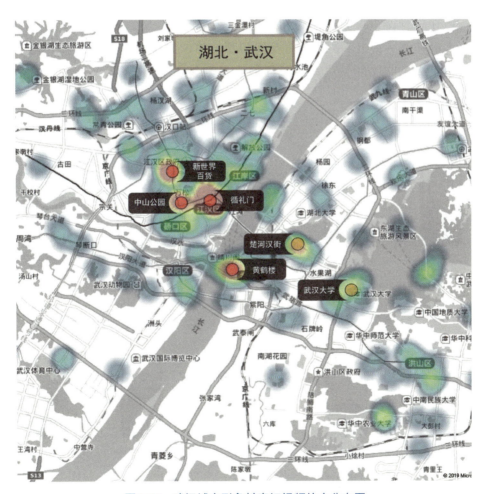

图2.26 武汉城市形象抖音短视频热力分布图

逊色，但这并不妨碍武汉作为中部新一线城市的综合实力展示。2018年，武汉GDP总量达到14 847亿元，同比增长8%。

在武汉城市相关抖音短视频累计播放量排名前十的视频（见图2.27）中，武汉相关短视频的作者几乎都是个人账号，显示普通民众参与抖音城市形象建构非常活跃。在榜单中，武汉热干面、鸭脖等经典的传统地方特色美食并未出现，反而是一家创新的本地火锅店和牛排店上榜。如同武汉的城市宣传语"中国最有市井气息的城市之一"一样，美食毫无疑问是武汉城市形象的主要标签之一，新鲜有趣的餐饮场景更容易在短时间内吸引网民的注意。但值得注意的是，武汉独特的饮食文化与地方特色在抖音城市形象的建构和传播过程中需要进一步清晰与突出，发挥更大的作用。此外，武汉的动漫展和颖宝蜡像武汉站等创意产业空间也吸引了大量网民的关注。除了各种地方美食之外，具有武汉特色的创意

图2.27　武汉城市相关抖音短视频累计播放量排名前十的视频

产业和文化活动有可能成为武汉提高抖音平台城市形象吸引力和辨识度的突破口。

六、中原城市群：市民参与共创的商都郑州

按照国务院2016年12月28日正式批复的《中原城市群发展规划》，中原城市群范围包括河南省的郑州、开封、洛阳等，山西省的长治、晋城、运城等，河北省的邢台、邯郸，山东省的聊城、菏泽，安徽省的淮北、蚌埠、宿州、阜阳、亳州等5省共30个城市。2018年11月18日，《中共中央、国务院关于建立更加有效的区域协调发展新机制的意见》明确指出，以郑州为中心来引领中原城市群的整体发展。

郑州作为河南省省会，是中国八大古都之一、国家历史文化名城。2018年，郑州推出城市宣传片《中国之中，商都郑州》。宣传片展现郑州昂首挺进国家中心城市的文化自信和建设国际商都的传承优势，致力于打造商都郑州新形象。官方经济统计数据显示，2018年，郑州GDP总量首破万亿大关，成功晋级城市经济发展"万亿俱乐部"。在郑州的城市宣传片中，郑州不断强化自身的中原城市群中心位置形象。与此视频传播主旨一致的是，郑州抖音热门短视频数量在该城市群中遥遥领先，约占该城市群所有城市相关抖音短视频数量的三成。

从郑州城市形象抖音短视频热力分布图（见图2.28）上可以看出，郑州二七广场附近和正宏城构成郑州市内最为主要的两个抖音热力中心点，以这两个点为中心轴向四周辐射散开到建文广场和紫金山公园等地。二七广场是郑州最繁华的商业区，位于郑州市中心，在郑州火车站附近。二七纪念塔是郑州的标志性建筑之一。游客可登至塔顶，远眺城市入夜后，多种彩灯内透外照，呈现出绚丽多彩的独特魅力。正宏城是郑州新兴起的人气聚集地，是面积达20万平方米的购物中心，地上8层，地下3层，在地理位置上与地铁二号线、八号线相接。作为新出现的大型商场，正宏城定位"潮流、人文、艺术、生活"，通过多元化的业态配比打造国际化生活方式中心。相比其他几个区域性中心热点城市，郑州的热力中心就其空间类型而言较为单一。两个中心热点之间的距离较远，未能形成规模聚

图2.28　郑州城市形象抖音短视频热力分布图

集效应,热点数量上也尚有增加的余地。

  细加考察郑州城市相关抖音短视频累计播放量排名前十的视频(见图2.29)可以发现,郑州地铁和二七广场等市政公共设施相关短视频吸引了大量网友点击播放。城市中独具特色的公共空间在抖音平台上成了名片和亮点。此外,自助餐等餐饮服务在排名前十的视频中也占据重要的位置。普通民众的拍摄角度和叙事方式给郑州的城市形象增加了不少人情味,但似乎尚未形成城市形象中最为独特且具有较高辨识度的象征符号。

图2.29 郑州城市相关抖音短视频累计播放量排名前十的视频

七、关中平原城市群：古都西安"抖"出新活力

关中平原又称渭河平原。关中平原城市群以西安为中心，地处中国内陆中心，是西部地区面向东中部地区的重要门户。关中平原城市群是西部地区第二大城市群。2017年，该城市群综合经济实力总体上位居内陆地区第二位，仅次于成渝城市群。城市群包括西安、宝鸡、咸阳、铜川、渭南、商洛、运城、临汾、天水、平凉、庆阳等城市。

西安是关中平原城市群中抖音热度的中心。西安作为国家中心城市，其综合经济实力的显著优势在抖音短视频活跃度上得到了充分体现。西安在抖音上的热度远远领超该城市群中其他城市，关于西安的热门抖音短视频数量在该城市群短视频总数中占比高达65%。2018年4月，西安市旅游发展委员会与抖音短视频达成合作，在西安已经在抖音平台上迅速走红的基础上持续注入官方和平台的支持。

西安在抖音上火起来，最初源于西安的摔碗酒。永兴坊的摔碗酒是陕南安康岚皋县接待尊贵客人的一种形式。客人将碗中酒一饮而尽，再把碗重重一摔，口中默念"岁岁平安"。此前一直不温不火，直到2017年年底，有人在抖音上发了永兴坊喝酒摔碗的视频，5块钱一碗米酒，喝完再把酒碗摔碎，就是这样一个不到10秒的简单动作，吸引了大量抖音网友点赞。2018年正月，西安顺势推出"西安年·最中国"城市营销活动。在抖音效应下，八天时间里，有2万人在此摔碗。这种喝摔碗酒的狂欢体验，让很多人慕名而来。一时间，西安成了名副其实的抖音之城。西安的摔碗酒、毛笔酥等颇具西安风情的美食视频迅速走红全国。2019年农历新年，西安首次推出"西安年·最中国"节庆品牌活动。截至2019年2月，"西安年·最中国"话题在抖音短视频平台上的播放量已达1.8亿次。2019年春节假日期间，西安共接待游客1 652.39万人次，同比增长30.16%，实现旅游收入144.78亿元，同比增长40.35%。

根据2019年2月西安市市长李明远的《政府工作报告》内容，2018年，西安生产总值跨越8 000亿元大关，达到8 349.86亿元，增长8.2%，增速居副省级城市第一，占全省比重升至34.2%，创14年来新高。全年接待海内外游客2.47亿人次，增长36.7%，旅游业总收入达2 554.8亿元，增长56.4%。西安居于十大国内热门旅游目的地城市第一位。

从西安城市形象抖音短视频热力分布图（见图2.30）可以看出，抖音平台上的城市相关短视频拍摄的热点集中于三个区域——钟鼓楼景区、小寨商圈和曲江大唐不夜城。钟鼓楼和明城墙是古城西安的传统地标符号，辨识度高。曲江大唐不夜城是盛唐文化主题的文化新区，2019年农历新年"西安年·最中国"系列活动在大唐不夜城隆重开幕，形成重大节假日的又一热点。从热力分布来看，西安的抖音热门地点体现了不少抖音网红城市的特点。第一，网民拍摄的热门地点对于城市形象的传播来说具有较高的辨识度，钟楼、回民街、鼓楼、小寨、大雁塔等城市地点以不同的方式直接体现了西安独特的城市历史和文化风貌。第二，热点分布显示，几个具有极高抖音热度的地点之间距离较近，形成了两大簇距离不远的抖音短视频拍摄热点地方群。第三，从五个西安最为热门的地点所辐射的范围看，基本覆盖西安中心城区。

从西安城市相关抖音短视频累计播放量排名前十的视频（见图2.31）来看，普通市民是抖音短视频平台爆款作品的创作主力。其中，鄠邑区委网信

第二章　抖音城市的热点

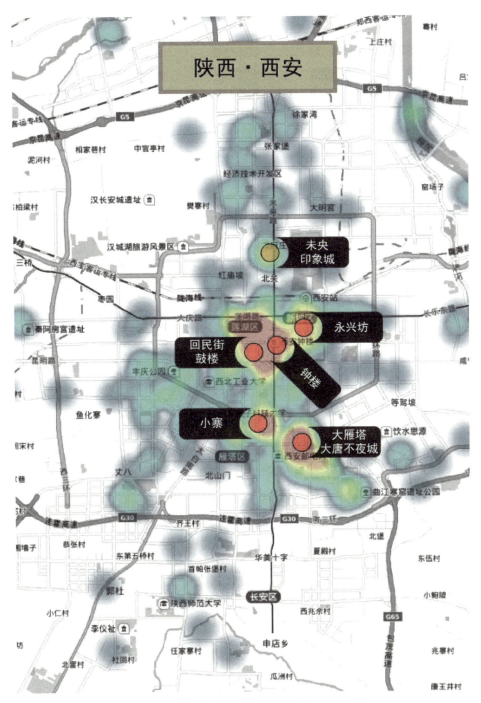

图2.30　西安城市形象抖音短视频热力分布图

图2.31 西安城市相关抖音短视频累计播放量排名前十的视频

办官方抖音账号"@鄠邑宣传"和西安发布等机构提供的作品,对于塑造西安交警在网民群体中的正面形象发挥了关键作用。最热视频参与话题"#西安年最中国",与2019年农历新年的官方节庆品牌活动完全契合,达到官方预期的传播效果,有效激励了普通市民参与的积极性。

传统的西安形象与十三朝古都紧密相连,城墙、兵马俑和羊肉泡馍是这座古城的城市符号。鼓励以UGC为主的短视频平台给民众更多参与的机会,也给西安一次展现多元文化的机会。从地域特点鲜明的《西安人的歌》开始,到刷屏的摔碗酒、毛笔酥,流量曝光强化了西安美食之城、抖音之城、网红城市的形象。

八、哈长城市群:好吃又好玩的冰城哈尔滨

2016年2月23日,国务院正式批复《哈长城市群发展规划》。在规划

中,哈长城市群的范围包括黑龙江省的哈尔滨、大庆、齐齐哈尔、绥化、牡丹江,吉林省的长春、吉林、四平、辽源、松原、延边朝鲜族自治州。城市群以哈尔滨和长春为发展主轴,哈大齐牡、长吉图发展带作为带动整个城市群经济发展的主线,力图形成"双核一轴两带"的城市群空间格局。

东北作为国内老工业基地,各个城市的第二产业发展起步较早,出现了一批如大庆、齐齐哈尔等资源型工业城市。但近年来,由于东北地区经济发展速度整体放缓,大量国有经济体系内的青壮年人口不断向外流出谋求发展,人口危机的新闻屡见报端。该城市群中有哈尔滨和长春两个区域性中心城市。从抖音平台上该城市群与城市形象相关短视频的数量比例来看,哈尔滨和长春两个区域性中心城市相关短视频数量共占该城市群所有短视频数量的80%,是毫无争议的区域性抖音热点。其中,相比长春,哈尔滨相关短视频数量占比接近半数,达到总数的47%,成为哈长城市群中城市相关短视频数量最多的热点城市。

在本研究涉及的所有抖音区域性热门城市中,哈尔滨是唯一在城市分类中被划分为二线城市的区域性抖音热点中心。哈尔滨在抖音平台上吸引了大量网友的关注,已经跻身城市相关短视频累计播放量超过千亿次的抖音热点城市。与哈尔滨相关的短视频,无论是累计指标还是平均单条短视频点赞数、评论数、分享数和下载数都名列前茅。作为哈长城市群的中心城市和整个城市群在抖音平台上吸引最多热度的抖音热点,哈尔滨或许可以借力抖音平台上的流量和热度,为自身的形象建构和经济产业升级创造更多的契机。

从哈尔滨城市形象抖音短视频热力分布图(见图2.32)可以看出,城市相关短视频发布最为集中的区域主要是冰雪大世界、师大夜市等休闲生活区。师大夜市是哈尔滨颇具规模且正规的夜市之一,位于文兴街,紧临哈尔滨师范大学。夜市上小吃种类多样,价位亲民。师大夜市已经成为哈尔滨的一张旅游名片。围绕东北特色饮食,蒜薹大羊排、鱿鱼、臭豆腐、香酥牛肉饼、昆虫盛宴、烤生蚝、鲜榨果汁、特色大白梨、烤猪手、榴莲酥等上百种美食形成的色、香、味等多重感官刺激,与抖音短视频传播的视觉语言语法达成契合。

哈尔滨的冰雪大世界始创于1999年,是哈尔滨市政府为迎接千年庆典

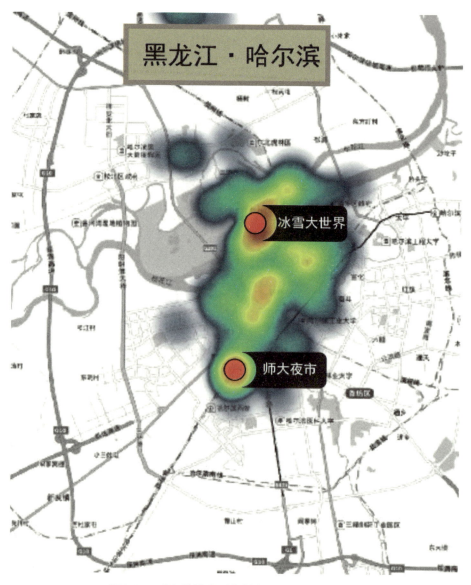

图2.32 哈尔滨城市形象抖音短视频热力分布图

神州世纪游的活动,凭借哈尔滨的冰雪时节,着力推出的大型冰雪艺术精品工程,展示了北方名城哈尔滨的冰雪文化和冰雪旅游魅力。冰雪大世界有东、西、中三大部分,包括世纪之声、卡通世界、冒险乐园、冰上风情、雪场欢歌五大景区,浓缩了香港会展中心、澳门大三巴牌坊、台湾赤嵌楼、海底世界、白雪公主、圣诞老人、俄罗斯之旅和蒙古包等多元化的景观。作为抖音热点，冰雪大世界为抖友们提供了独具冰城特点的空间意象和拍摄地点。2017年年末，一篇题为《雪乡的雪再白也掩盖不掉纯黑的人心！别再去雪乡了！》的博文在网上引发网友热议。事发地与哈尔滨仅有300千米。雪乡宰客事件在互联网上不断传播发酵，严重损害该区域城市形象。如何更好地通过抖音建构冰雪大世界的美好形象，修复雪乡宰客事件造成的形象损害，成为哈尔滨城市形象工作者的当务之急。单就热点图的分布状况而言，两个抖音传播热点之间距离适中，并且热门地点与城市形象的特色和抖音平台上的表现形态都有比较高的契合度，部分解释了哈尔滨在抖音平台上为何获得十分高的人气。

从哈尔滨城市相关抖音短视频累计播放量排名前十的视频（见图2.33）来看，哈尔滨的城市形象比较鲜明具象，地方特色十分突出。抖音热门地点

图2.33 哈尔滨城市相关抖音短视频累计播放量排名前十的视频

哈尔滨冰雪大世界榜上有名,具有东北特色的美食烤冷面两次上榜,烤冷面视频拍摄的位置集中在抖音热门地点师大夜市。除了具有地方特色的美食和冰雪大世界外,哈尔滨文化中好玩的特质也频繁地通过诸多哈尔滨人在抖音平台上的个人演绎,被充分地体现出来。综合来看,哈尔滨在抖音平台上最显著的城市形象特征可以被概括为好吃又好玩的城市。在城市形象传播过程中,类似东北话、地方美食、冰雪大世界等有代表性的具象符号相互叠加,有利于强化城市形象。简单明了的故事主线更容易在短时间内得到病毒式传播。

九、小结：抖音热度背后的驱动因素

根据前文对各个城市群中区域性抖音热点城市和城市内部抖音传播热力图的质化文本分析,笔者认为,城市本身的特征在短视频视觉化呈现中能够得到充分感知,刺激受众多重感官,并且更适合进行具象化的各种元素,有利于各个城市地点快速成为抖音热力地点。具体而言,本书将抖音城市热度背后的驱动因素总结概括为BEEP,即城市音乐（BGM）、特色饮食（eating）、娱乐休闲（entertainment）和人格化（personalization）。

1. 城市音乐

抖音是一款可以拍短视频的音乐创意短视频社交软件,背景音乐是这款软件自带的功能,用户可以在上传短视频过程中选择添加或不添加背景音乐。从样本数据中可以看到,所有样本视频中,56%的短视频都配有背景音乐,让视频内容更充实,也通过音乐产生更深厚的情感共鸣。

例如,摔碗酒带火了方言版的《西安人的歌》,歌词中的"城墙"、"泡馍"、"贾平凹的小说"等将西安城市形象具象化,"西安人"、"西安女娃"等更容易唤起西安人的群体记忆。民谣歌手赵雷的《成都》将闲适的成都街景融入有人情味的歌词中,一句"成都,带不走的,只有你"引发大量网民的情感共鸣。歌手王力宏创作的歌曲《南京,南京》吸取江苏民歌旋律的特色,方言版本的Rap朗朗上口,不仅赋予城市新的活力,也在音乐传播过程中展现出城市特有的记忆与历史变迁。音乐带来的听觉刺激体验与城市独有的文化意涵之间相互呼应,增强了抖音短视频的传播热度和广度。

2. 特色饮食

民以食为天,日常餐饮是每个人每天必须要面对的事情,更不用说在中华文化中餐饮文化很大程度上构成了不同地方、不同城市地方性身份认同最为重要的组成部分。地方饮食的味觉体验与地方认同之间具有内在的关联。餐饮体现了我国大量普通市民与城市地点发生关系的一种特定方式。通过饮食,"吃货"们在特定城市地点围绕吃发生了各种各样的个人体验和故事。同时,在不同地理文化环境中,饮食行为所具有的地方性特征和意义更加体现出不同城市的人们在日常工作饮食实践中惯常表现出来的精神面貌与文化预期。

抖音短视频中的特色美食是最具吸引力的要素之一。食物烹制和享用过程中动态视觉的呈现给观众直接强烈的味觉、视觉、嗅觉等多方面刺激。火锅(见图2.34)、烧烤、铁锹海鲜(见图2.35)、爆浆熔岩蛋糕通过短平快的

图2.34　青岛小龙坎火锅

图2.35　西安铁锹海鲜

方式迅速对观众产生"隔屏锁胃"的效果,引得无数食客到各地网红美食餐饮店打卡解馋。美食作为抖音城市形象名片的实践方式在全国引起一阵阵效仿之风。从现有数据看,餐饮服务类已经成为各类城市空间形象中传播热度最广的形式之一。

3. 娱乐休闲

抖音短视频依托视觉符号进行传播。相较于文字符号,视觉图像更生动立体,也更感性。强烈反差的画面、刺激新奇的场景常常能在第一时间获得网民的关注。豪迈壮观的关中摔碗酒(见图2.36)、套中套层层相扣的土耳其冰激凌、纯净水面倒映出蓝天白云的青海茶卡盐湖、重庆万盛奥陶纪主题公园的高空秋千(见图2.37)等将当地新奇有趣的生活一一展现。各种休闲消费现象的短视频传播霸屏,不仅能带动当地旅游业的发展,也制造了一个又一个抖音网红打卡地。

图 2.36 摔碗酒

图 2.37 重庆万盛奥陶纪主题公园高空秋千

4. 人格化

一大批政务账号进驻抖音平台后,如何将政务信息更有效地传达给观众是首要解决的问题。这其中有一个非常突出的特点,即个性化。绝大多数政务账号的短视频内容是通过人物个体叙事,摒除政务给人带来的严肃、古板的刻板印象。与主流大众媒体的叙事形态不同,抖音平台上的城市故事大多从普通人的视角平视城市,叙事过程中的主人公通常被设置为网民个人。通过短视频的方式,这种人格化叙事形态能够更为有效地拉近故事与普通网民之间的社会心理距离,收效甚好。

例如,北京市公安局反恐特警总队的抖音账号"@北京SWAT"(见图2.38)在2018年5月发布了一条长度为37秒的短视频。视频内容搭配当下最热门的"吃鸡音乐",特警队员展示持枪射击,从直升机上顺梯空降,使网民身临其境感受作战现场。与主题宏大的宣传方式相比,特警队特有的精神面貌和队伍个性化的形象在人格化展示后更有冲击力,单条视频阅读量已破亿。

图2.38 抖音账号"@北京SWAT"

第三章
城市群的抖音实践

本章致力于在几个方面做进一步的推进。第一，本章沿用第二章描述的数据的来源和抽样流程，但数据库的单条数据分析单位由146个不同的城市进一步细化为总数为48 757条与146个城市相关的短视频。分析单位的细化帮助本章更深入地探究2018年1月1日到2019年6月1日期间，抖音城市形象建构内容和建构实践方面的特征。第二，与分析单位的转变紧密相关，本章的研究问题指向更多集中到抖音平台各类城市空间和地点的建构实践，进而通过分析揭示出抖音城市各类空间建构的最佳实践，为提出一系列基于数据分析的建议和相关讨论奠定基础。媒介实践的视角将本章研究的关注点聚焦到抖音平台各类实践者的特征、实践过程中实践者之间的互动、身体涉入、参与互动和打标签等各种抖音实践维度，并且将各类城市公共空间形象在抖音平台上的建构实践放置到整个抖音城市形象建构的大背景中加以理解。

本章所有数据涵盖中国境内八个国家级城市群。按照城市群相关短视频的数量所占比例来看，从高到低依次是长三角城市群、成渝城市群、京津冀城市群、粤港澳大湾区、长江中游城市群、中原城市群、关中平原城市群和哈长城市群。这八个国家级城市群按其定位大概可以分为三个类型。一是世界级城市群，主要指京津冀城市群、长三角城市群和粤港澳大湾区三个城市群。二是有国家中心城市的国家级城市群，此前已有长江中游城市群、成渝城市群和中原城市群，再加上关中平原城市群。它们的地位相差不大，主要是配合国家战略打造经济或区域发展的新增长极、促进内陆开放等。三是没有国家中心城市支撑的哈长城市群，主要发展方向是为了更好地促进地区经济发展和地区对外开放（刘士林，2018）。

本章将抖音城市的形象建构视为一系列基于抖音技术平台的媒介实践，然后探索在八大城市群不同的环境背景中，抖音城市形象建构作为媒介实践存在哪些系统的差异。研究先从媒介实践的视角描绘出各个不同的城市群中抖音城市形象建构的实践状况。本章主要旨在深描由抖音实践者、实践过程的交互参与、实践的时间特征和实践者身体在建构实践中的作用等几个方面交互构成的整体实践场域。笔者之所以从上述几个角度着手描绘出抖音城市形象建构实践的整体场域，主要是为了帮助读者更好地理解后续章节中围绕不同性质城市公共空间的建构实践，以及后续章节中提出的各类城市空间建构最佳实践所具有的特定意义。

第一节 抖音城市形象建构实践者构成

若将抖音视为实践平台，则实践者的群像特征对于从整体上理解媒介实践的意义十分关键。平台实践主体在年龄和性别等方面的特征很大程度上能够帮助读者将他们的抖音城市形象建构实践与他们日常生活其他相关实践勾连起来，加以理解。故此，本节主要对不同城市群中抖音城市形象建构实践者的年龄和性别构成做进一步的比较分析。

从各个城市群热点视频作者的性别分布来看，我国不同城市群之间抖音短视频作者的男女构成存在统计上的显著差异（Chi2 = 251.6, p < .01）。从数据具体的分布状况看，在长三角城市群、长江中游城市群、成渝城市群和关中平原城市群的抖音城市形象建构活动中，女性作者参与的比例较多。相比之下，京津冀城市群、粤港澳大湾区和中原城市群热点视频中男性作者的参与程度略高于女性抖音实践者。在哈长城市群中，男女作者参与抖音创作的比例基本持平（见图3.1）。男女抖友群体之间不同的生活经验、价值观念，甚至视觉语言和叙事方式都会对抖音城市形象建构产生切实的影响。抖音实践者群像上的差异与本章后文分析的各种特点结合，共同形成了抖音城市形象建构实践的整体性场域。

从抖音实践者的年龄来看，考虑到年龄变量的数据是由普通网民主动

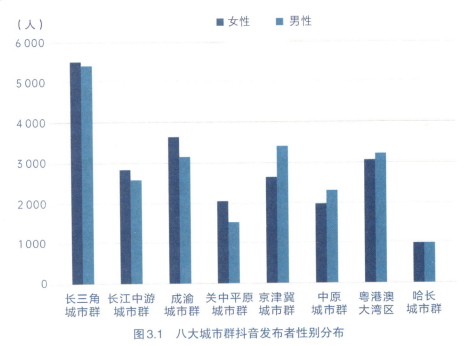

图3.1 八大城市群抖音发布者性别分布

在注册时提供,网民填入的年龄有时有悖常理,有不少网民会有意改小自己的年龄或者随意填写。为了更客观地反映抖音实践者在年龄上的分布情况,研究团队将用户年龄变量赋值在-1—9岁和年龄取值高于85岁的全部设定为缺失数值,并且用该变量在整个数据库内的平均值(M = 27.65)加以填空,以保留数据整体的信息量。

所有城市形象建构者的平均年龄为27.65岁(SD = 6.60)。为了考察各城市群抖音城市形象建构者的年龄差异,笔者又用单因子方差分析方法考察不同城市群之间城市形象短视频作者年龄平均值上存在的差异。方差分析模型显示,整体来看,不同城市群的抖音作者在平均年龄上存在统计上的显著差异($F = 38.01, p < .01$)。随后用Post Hoc检验对各个城市群之间的差异进行两两比较。考虑到等方差假设没有得到满足,笔者采用Tamhane的比较方法。结果显示,若按照抖音城市形象建构者平均年龄从小到大排列,成渝城市群和粤港澳大湾区抖音发布者是平均年龄最低的一组(M = 27.06)。京津冀城市群、长三角城市群、哈长城市群和长江中游城市群之间,就发布者平均年龄分布而言并不存在显著差异(M = 27.7),而

中原城市群（M = 28.32）和关中平原城市群（M = 28.73）则是所有城市群中抖音发布者平均年龄最高的两组。相比而言，关中平原城市群中抖音发布者平均年龄接近30岁，为所有城市群中最高。

另外，如果考察各个城市群中城市形象建构者的性别和平均年龄交叉分布（见表3.1）可以发现，各个城市群都是男性城市形象建构者的平均年龄高于女性作者，粤港澳大湾区和京津冀城市群的男性作者和女性作者的平均年龄皆为最低。

表3.1 八大城市群抖音发布者平均年龄和性别分布

城 市 群	性 别	平均年龄（岁）
长三角城市群	女	26.4
	男	28.81
长江中游城市群	女	26.55
	男	29.13
成渝城市群	女	25.78
	男	28.33
关中平原城市群	女	28.01
	男	29.89
京津冀城市群	女	26.37
	男	28.28
中原城市群	女	27.46
	男	29.24
粤港澳大湾区	女	26.00
	男	28.21
哈长城市群	女	26.61
	男	28.79
总 和	女	26.52
	男	28.73

各个城市群的热点短视频发布者年龄趋向年轻化。总体的平均年龄中，男性发布者为28.73岁，女性发布者为26.52岁，都低于而立之年的30岁。从图3.2的散点分布可以看出，在长三角城市群、关中平原城市群、成渝城市群中，发布者年龄集中度比较高；而在京津冀城市群和粤港澳大湾区的男性中，以及中原城市群的女性中，发布者年龄分布有明显的向下延展，分布相对更加年轻化，更多向18岁以下的人群发展。

研究团队还对抖音城市建构者中经过平台认证的身份进行分析。认证身份多少能够显露出抖音城市形象建构实践者中不同类型的机构或者个人构成情况，尤其可以展现出相关城市的各级政府政务信息发布机构

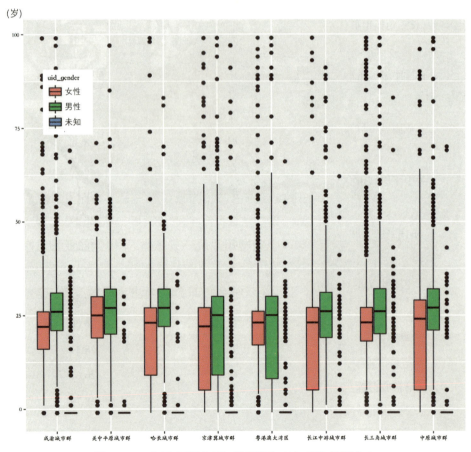

图3.2　八大城市群热点短视频发布者年龄和性别分布

在抖音平台上的活跃程度。对样本总体的数据分析后发现,有81%的短视频作者未经过平台身份认证,不能明确其究竟是个人还是机构。在认证过的各种作者类型中,绝大多数是机构的抖音号。其中,商业企业类的机构认证号占样本短视频总数量的5.7%,而各类城市政府的机构认证号占样本总数量的11%。从已有数据看,政府认证号的比例要远大于企业认证号。

表3.2的数据分析结果显示,虽然每个城市群的抖音账号中都有70.3%—80.5%的账号在平台认证变量上是缺失值,但在所有已经经过抖音平台认证的账号中,各类账号的分布在城市群之间也有较为明显的差异。从表3.2的竖列数据看,所有城市群中,粤港澳大湾区和中原城市群中经过机构认证的商业企业账号比例相对较高,两个城市群都达到总量的7.1%。商业企业账号比例较高的城市群其次是长三角城市群和京津冀城市群,两个城市群中企业机构认证账号的比例都是5.5%。从商业企业认证账号的比例分布看,商业机构在这些城市群城市形象建构的实践中发挥了相对更多的作用。此外,经过平台机构认证的政府机构账号所占比例最高的城市群是京津冀城市群。京津冀城市群中包括我国的政治中心,首都北京汇聚了中央各部委大量重要的政府公务机构。政治中心城市中政府机构的高密度或许可以解释数据上政府机构认证账号的较高比例。除京津冀城市群外,在长江中游城市群和长三角城市群两个城市群中,各级政府机构在抖音平台上认证的账号比例也相对较高。在长江中游城市群和长三角城市群中,政府机构认证账号较高的比例或许指向长江沿岸城市群中,城市各级政府更积极地利用抖音平台作为城市形象建构以及与公众进行互动交流和信息传递的途径。京津冀城市群、长江中游城市群和长三角城市群的各类政府机构账号在抖音平台上具有更高的显著度。数据分析显示,京津冀城市群相关抖音短视频发布账号中,经认证的"其他机构"的比例也在几个国家级城市群中名列榜首。其他机构通常包括媒体机构和其他相关的社会组织。其他机构在所有认证机构中所占比例或许可以显示出城市群中民间和传媒机构在抖音平台上的活跃程度。由此可以认为,在京津冀城市群中,不仅官方政府机构积极地在抖音平台上发出自己的声音,民间组织和媒体机构在抖音上也十分活跃。

表3.2　八大城市群抖音认证账号情况

单位：个

城　市　群	企业机构认证	政府机构认证	其他机构	未经认证
成渝城市群	328（4.5%）	472（6.5%）	66（0.9%）	5 794（80.5%）
关中平原城市群	137（3.7%）	272（7.3%）	33（0.7%）	3 159（85.4%）
京津冀城市群	375（5.5%）	1 098（16.1%）	247（3.5%）	4 793（70.3%）
粤港澳大湾区	478（7.1%）	574（8.5%）	63（0.9%）	5 333（79.2%）
长江中游城市群	288（4.8%）	686（11.5%）	114（1.8%）	4 570（77.2%）
长三角城市群	654（5.5%）	1 311（11.1%）	154（1.2%）	9 101（77.5%）
中原城市群	334（7.1%）	499（10.7%）	334（7.1%）	3 647（78.4%）

除了抖音短视频的作者作为实践者参与城市形象的建构之外，不同城市群中短视频的受众同样构成实践场域中重要的实践者。从短视频用户总体的年龄构成上看（见表3.3），超过44%的使用者在24—30岁之间，21.2%的用户年龄在18—23岁之间，两类相加占比超过65%。30岁以下的年轻人成为抖音平台最主要的用户群体。

表3.3　抖音城市短视频用户年龄分布

用　户　年　龄	比　例
18—23岁	21.2%
24—30岁	44.4%
31—40岁	29.3%
41—50岁	4.6%
50岁以上	4%

进一步比较各个城市群之间抖音短视频的用户年龄可以发现，各个国家级城市群之间，围绕城市形象的抖音短视频的使用者构成各有特点。以城市群作为分类因素建构的方差分析模型发现，线性模型整体上在统计上显著（F = 30.37, p < .01）。利用方差分析事后两两比较分析发现，粤港澳大

湾区和成渝城市群的用户年龄相对最低，而关中平原城市群和中原城市群的抖音用户年龄相对最高。

第二节　城市群城市形象建构的时间特征

各个城市群之间的抖音城市形象建构者们在一年抽样时间段中，主要在哪些月份更多地向抖音平台投稿？不同城市群的抖音城市形象传播者们多数在一天中哪些时间段发布自己的作品？每一段城市相关短视频维持的时间长度一般是多少？抖音短视频作者在平台注册活动的时间长度在不同城市群间是否有系统差异？

这些抖音城市建构实践背后发挥作用的时间维度对于理解这种基于抖音技术平台的实践形态十分重要。一方面，抖音短视频的长度很大程度上设定了抖音平台上最适合呈现的城市空间和公共活动、实践者们最可能应用的拍摄方式、影像的呈现角度和短视频制作的节奏等各个方面。另一方面，抖音城市形象建构的内容发布时间上的变化或许可以展现出抖音城市形象建构的实践活动与抖音实践者们日常生活既有的实践网络之间形成了怎样的先后次序关系。将抖音短视频发布的实践行为置于抖友一天惯常时间序列之中，可以更好地理解抖音对于生产者日常生活的意义。了解一年12个月的时间中，抖音短视频投稿量逐月发生的变化，可以多少看出不同季节变化或者不同城市群环境中，当地的季节性事件对于抖音平台城市形象可能产生的影响。

一、城市形象短视频的创建和发布时间

从投稿时间来看（见图3.3），各个城市群的热点短视频投稿时间都在2018年11月至2019年4月，这段时间短视频数量比较明显地增多。其中，长三角城市群、粤港澳大湾区和京津冀城市群在不同月份之间的变化非常明显。在2019年3月和4月这两个最适宜外出的春季月份，抖音短视频的投稿量达到顶峰。而哈长城市群、关中平原城市群城市相关短视频投稿时间的

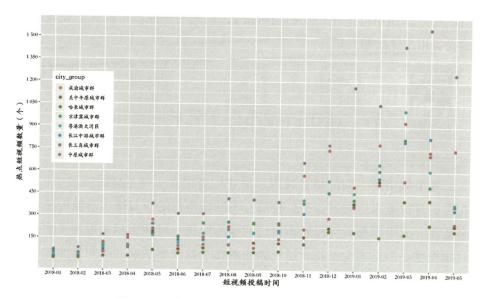

图3.3 八大城市群热点短视频数量与投稿时间

变化没那么明显,在整个观察时间内,变化相对而言比较小。细加考量,哈长城市群的短视频投稿高峰月份出现在12月、1月和4月等几个月份。结合当地气候和该地区抖音热门地点的数据分析结果可以推论,在哈长城市群中,这几个月最有利于展现包括师大夜市和冰雪大世界等地方特色的抖音形象。与此类似,关中平原城市群的数据显示,其短视频投稿时间的最高峰出现在2月,也就是我国传统春节的时间。关中平原城市群的西安、宝鸡、运城和临汾等城市中,浓浓的年味与当地独具特色的年俗文化活动,会给抖音平台相关短视频的投稿添砖加瓦。关于逐月抖音短视频投稿量的数据分析显示,长三角城市群、粤港澳大湾区和京津冀城市群等区域的城市中,抖友的短视频拍摄和投稿实践多少受到当地一年中季节和气候变化的影响。

从一天24小时中各个城市群都有发布抖音短视频的具体时间分布来看,大体上可以发现,各个城市群的抖音短视频发布都存在两个大小各异的峰值。一天之中抖音短视频发布的第一个高峰多数出现在11:00—12:00,第二个更大的峰值多数出现在18:30—19:00,这两个时间窗口构成了城市相关抖音短视频发布的热门时段。假设抖音平台上大多数抖音短视频发布者是日常需要上学或者工作的普通网民(参考前文抖音用户的年

第三章　城市群的抖音实践

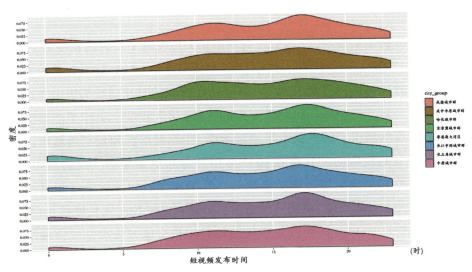

图3.4　八大城市群热点短视频一天中发布时间分布（24小时）

龄和性别分布情况），可以合理推论，中午吃饭或午休时间及傍晚下班（途中）可能成为各个城市群中抖音发布者最为活跃的时刻，发抖音成为大量年轻白领或学生工作、学习之余的重要活动。

若更为细致地比较不同城市群的抖音发布者在一天中各个时间段的活跃程度差异，可以看出，哈长城市群、关中平原城市群和中原城市群在正常网友活跃的时间段内，波峰与波谷之间的落差相对较小。这样的数据分布意味着，以上几个城市群在一天中每个时间点发布的抖音短视频数量相对而言变化不大，比较稳定。这些区域的抖音城市短视频发布者玩抖音的活跃程度受到一天中时间变化的影响比较少。相比之下，京津冀城市群、长三角城市群、粤港澳大湾区和成渝城市群热点短视频一天中发布时间波动相对较大。

二、城市相关短视频的时间长度

为了考察不同城市群之间在抖音短视频时间长度上，乃至不同城市群之中各类城市公共空间相关短视频时间长度上是否存在系统的差异，研究团队结合数据，建立了以单条短视频时间长度为因变量，以不同城市群、各种公共空间类型以及城市群与公共空间类型的交叉项为自变量的线性方差分析模型。

统计分析结果显示，样本中所有城市相关短视频平均时间长度为17.29秒（SD = 12.18）。对于时间长度众数的分析显示，基本上有两个最为常见的短视频时长——10秒和15秒，大部分热点视频的时长高峰都集中在这两个时长上。抖音短视频在时间长度上的特征，很大程度上决定了能够恰当地得到表现的城市空间。关中平原城市群、中原城市群和长三角城市群城市相关抖音短视频时间长度在10秒与15秒分布更加集中。成渝城市群、哈长城市群和京津冀城市群城市相关抖音短视频时间长度分布相对波动没有那么大。具体来说，京津冀城市群抖音短视频平均时间长度最长（M = 18.47，标准差 = .14），随后按短视频平均时间长度递减依次是成渝城市群（M = 18.13，标准差 = .14）、哈长城市群（M = 17.81，标准差 = .26）、粤港澳大湾区（M = 17.60，标准差 = .14）、长三角城市群（M = 17，标准差 = .10）、长江中游城市群（M = 16.89，标准差 = .15）、关中平原城市群（M = 15.85，标准差 = .21）和中原城市群（M = 15.46，标准差 = .17）。

从方差分析线性模型的结果看，城市群差异（F = 39.82，p＜.01）、空间类型差异（F = 424，p＜.01）和城市群与空间的交叉项（F = 25.36，p＜.01）都能够对短视频的时间长度产生统计上显著的效果。换言之，短视频时间长度在不同城市群、不同城市空间类型和不同城市群的不同空间类型中皆存在显著的不同。

事后两两比较的Post Hoc检验结果显示，大体可以按照短视频的时间长度差异，将所有城市群分成几个不同的短视频时间长度梯队。其中，城市相关抖音短视频平均时间长度最短的是中原城市群和关中平原城市群，居于第二梯队的是长江中游城市群、长三角城市群和粤港澳大湾区，哈长城市群独立成为第三梯队，而短视频平均时间长度最长的是京津冀城市群和成渝城市群。如果按照不同城市公共空间类型相关短视频的时间长度来进行系统的Post Hoc检验则可以发现，围绕风景名胜的抖音短视频平均时间长度最短（M = 14.66），城市设施（M = 15.52）和商业设施（M = 15.67）构成短视频时间长度稍长的第二梯队，关于政府机构（M = 18.56）的短视频独立成为第三梯队，而短视频平均时间长度最长的是餐饮服务相关内容（M = 22.1）。

笔者考察了不同城市群中不同城市空间类型的相关短视频的平均时间

长度分布(见图3.5)。分析结果显示,成渝城市群的餐饮服务类空间相关短视频的平均时间长度远远长于其他几个城市群的同类空间短视频平均时间长度。重庆和成都的美食相关短视频通常比较长。中原城市群和关中平原城市群关于餐饮服务类的抖音短视频平均时间长度最短。哈长城市群政府机关类的短视频平均时间长度最长,而关中平原城市群政府机关类的短视频平均时间长度最短。京津冀城市群的商业设施类和城市设施类短视频的平均时间长度相对最长。

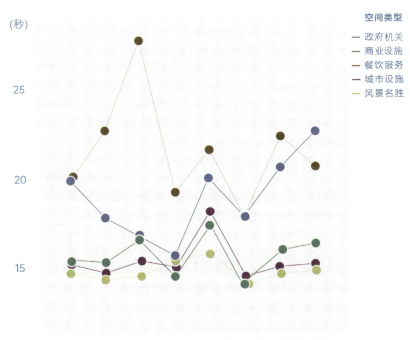

图3.5 八大城市群五类城市空间相关短视频平均时长

三、短视频作者的抖音注册时间

抖音短视频作者在平台上注册的天数是抖音实践重要的时间维度。注册天数的长短显示城市形象相关短视频作者在平台上的经验累积。短视频作者在平台上注册的时间越长,表示其在平台上越活跃,从事短视频内容生产的经验越丰富,对于平台的规则也更为熟悉。

通过方差分析比较短视频作者注册时间均值在不同城市群之间的差异后,笔者发现,各个城市群在抖音作者注册天数上并不存在显著差异($F = 1.52$, $p > .05$)。所有短视频作者的平均注册天数为465.02天($SD = 175.18$),最短注册天数只有3天。数据分析结果突出了抖音作为热门的短视频分享平台,已经被各个城市群的年轻群体熟练应用。对于平台的熟悉程度和使用经验而言,不同城市群的实践者之间并无差异。

第三节 城市群短视频内容的媒介实践

从媒介实践的视角考察抖音平台上我国各个城市群各类城市形象的建构,短视频内容本身所展现出来的特征并非仅仅是文本自身的特点。本节与前文一脉相承,依旧从媒介实践的观念出发,将短视频内容视为媒介实践过程中形成的且随着实践不断发生变化的人造物。短视频文本作为人造物本身既是抖友媒介实践的生成物,更是引发诸多网友进一步进行实践活动的网络节点。

抖音短视频内容特征实质上反映出抖音城市建构的实践者在实践(行为活动、情感色彩、认知意图和社会规则等)方面的特点。由此出发,本节希望通过分析抖音短视频在实质内容方面凸显出来的不同特征,探究不同城市群中,城市形象相关短视频的实践者们在抖音平台上的生产和传播实践状况。

一、作者为城市相关短视频起标题

从短视频的标题来看,各个城市群热点短视频出现频率最高的都是当地城市的名字。在短视频中标注出城市地点,既是一种在标题中通过接近受众提高传播效果的方式,也多少体现了当地城市群抖音实践者们对于所属城市的地方认同。

除此之外,各个城市群的热点短视频的标题中出现的关键词还体现了各个城市群迥异的地方特色。表3.4是八大城市群热点短视频标题中除各自城市名外出现频率在前三位的关键词列表。从抖音网友对各个城市群相关短视频标题起名的实践来看，表现出一些规律。

表3.4　八大城市群热点短视频标题中最常见的三个关键词

城 市 群	关 键 词	关 键 词	关 键 词
成渝城市群	火锅	小哥哥小姐姐	朋友
关中平原城市群	美食	中国	朋友
哈长城市群	冰雪	好吃	滑雪
京津冀城市群	天安门	三里屯	过年
粤港澳大湾区	美食	演唱会	地铁
长江中游城市群	美食	英雄	回家
长三角城市群	过来	舒适	库存
中原城市群	孩子	吃喝玩乐	大学

第一，美食（包括"好吃"、"火锅"等）成为关中平原城市群、成渝城市群、哈长城市群、粤港澳大湾区、长江中游城市群等几个城市群短视频标题中频繁出现的共同关键词。从媒介实践的角度看，大多数年轻的抖友们一方面对美食题材的城市相关内容有共同的偏好；另一方面，抖友们也倾向于用各个城市当地的美食作为抖音短视频的标题，以吸引更多"吃货"网友。食物本身的色香味，以及围绕食物烹饪过程产生的各种行为和表演，成为抖音城市形象短视频中最为常见的内容。

第二，各类公共文化娱乐活动（如演唱会）和地标性的城市公共空间（如三里屯、天安门等）成为抖友起标题时偏好使用的关键词。

第三，比较各个城市群之间在短视频标题命名实践上的差异，笔者发现，如果按照媒介内容分析中学者们接受的做法，将短视频标题位置文本的命名过程视为对城市特征属性的框架界定，那么各个城市群的短视频标题命名呈现出完全不同的面向：成渝城市群的短视频标题主要突出川渝地区社交和火锅共同的热烈与火辣，关中平原城市群更多是朋友与美食之间的联动，哈长城市群极显著地突出冰城特有的风情，京津冀城市群的抖友则更

多将象征时尚和国家的城市地标空间在标题中凸显出来,粤港澳大湾区凸显城市群丰富的文化娱乐生活与公共交通空间中都市陌生人之间形成的多种交往,长江中游城市群更多建构了由家和美食共同组成的温暖场景,中原城市群更关注教育和培养下一代,而长三角城市群在抖音平台上生成出各种商业交易和消费物资的流动成为重要的面向之一。

二、运营团队对城市相关短视频内容的分类

抖音上参与城市形象建构的实践者中,除了大量普通网民作为短视频的作者之外,还包括抖音平台的运营团队。事实上,抖音平台的运营团队、企业伦理部门和算法工程师们已经成为抖音城市形象建构与传播过程中发挥重要作用的参与者。

其中,抖音平台的运营团队在后台和视频播出的前台,或者按城市形象相关短视频的内容特点,或者按特定短视频发布账号长期内容实践的特点,对短视频和抖音账号进行分类。对于短视频和抖音账号的分类,是抖音平台城市形象建构实践的有机组成,很大程度上折射出抖音城市形象传播的效果和机制。

笔者主要结合数据分析结果,将抖音平台的运营团队视为城市形象建构和传播的实践者,探讨其对各个城市群中不同内容短视频和不同短视频发布账号的分类实践。

1. 运营团队对短视频的分类实践

运营团队对短视频内容进行分类时,最为常见的是对短视频的内容是否具有风险性、是否适合普通网民进行模仿做出区分。"风险"类别中的短视频一般较为刺激,会在短视频中提示观看者"不宜模仿"。

研究分析发现,短视频内容被归入"风险"类别的是绝对少数,大多数城市相关的短视频内容围绕网民日常生活展开。在所有城市相关短视频中,被运营团队归为"风险"类别的比例仅仅为0.7%。

我们进一步考察所有已经被抖音运营团队标记有风险提示的短视频在各个城市群中的分布情况,可以发现,比例最大的被标识有风险提示的短视

频出现在长三角城市群中。长三角城市群相关短视频中被标识为有风险的短视频数量占据"风险"类别短视频总数的20%,长江中游城市群、中原城市群、京津冀城市群、成渝城市群、哈长城市群、粤港澳大湾区、关中平原城市群按比例依次递减。以上排序大概可以显示出长三角城市群和长江中游城市群的抖音城市形象建构实践者们,更多在拍摄短视频过程中展现出极限运动、特技动作或各种难以模仿的特殊技艺。相比之下,来自粤港澳大湾区和关中平原城市群的抖音城市形象建构者们,更多倾向于在短视频的拍摄实践中避免比较高风险、高难度的动作和活动。不同城市群构建城市形象的风险偏好表现出明显的不同。

  运营团队还根据短视频内容中是否包含具有乡村特色的视觉和听觉元素,对短视频做了分类。乡村特色的元素包括乡村特有的人际社会关系形态、地方的口音和当地段子、风俗习惯和乡村土味美食等。值得注意的是,被归入"乡村"类别的短视频发布地点都在城市中。换言之,抖音平台上网民对于乡村特点的想象构成了城市生活的重要组成部分,是受城市生活的刺激反应形成的意象。考虑到我国城市化进程中城市与乡村之间独特的互嵌关系,抖音平台的传播特点进一步打破了传统城乡二元对立的结构,为在数字网络时代重新建构城市与乡村、现代与传统形象的共生关系创造了新的可能。

  具体分析发现,明显带有乡村特征视觉或听觉元素的短视频在短视频样本总量中占8.4%的比例。换言之,在建构城市形象的抖音短视频中,接近十分之一的内容将农村元素嵌入对城市形象的建构。这部分内容既有可能在实际上拉近城乡距离,发挥向广大乡村地区更好地传播城市形象、展示城市丰富文化生活和精神风貌的功能与效果,又有可能与平台上城市形象相关的其他内容发生耦合,生成一种散布着乡村元素和乡土情怀的中国特色的城市形象。横向比较不同城市群中带有乡土特色元素的内容比例可以发现,乡土特色内容占比最大的是中原城市群(约14.25%的热点短视频带有乡土元素),乡土特色内容占比最小的是京津冀城市群(约5.27%的热点短视频内容中带有乡土元素)。数据提示,中原城市群的抖音实践生产出更大比例的具有乡村本地特色的内容,其城市形象构成中融入最多比例的乡村元素。

2. 根据账户发布内容分类

除了对短视频内容进行分类外，抖音运营团队还会针对特定抖音账号在较长时间内频繁发布短视频内容的特征，对各个抖音账号按常见内容类型进行分类。例如，如果某一个特定的抖音账号在较长时间段内频繁发布与舞蹈表演有关的视频，运营团队就会按照短视频内容发布的历史，将其归为舞蹈类账号。运营团队根据短视频内容发布的历史记录，针对抖音账号本身的分类结果，揭示了特定城市群中城市形象相关短视频整体呈现出的内容类型特征。

从抖音账号分类的总体结果看，抖音运营团队已经按内容发布记录体现的内容偏好，对大约48.2%的抖音短视频账号做了较为明确的分类。换言之，有接近一半的抖音账号，从其发布内容上看，已经形成了相对连贯一致的账号特征，在某一专门的内容领域形成了自己账号可以清晰辨识的偏好和风格。

从表3.5不同抖音账号类型的分类结果来看，越来越多的品牌机构正在选择抖音作为向广大网民发布信息的平台，致力于频繁发布美人、美景、美食"三美"内容的抖音账号占据非常重要的地位。

表3.5 抖音城市形象短视频账号中最主要的标签

标　　签	带此标签的账号数量（所占比例）
各类机构官方账号	5 585个（31.1%）
美食餐饮	3 748个（20.9%）
生活随拍	3 027个（16.9%）
美　女	1 868个（10.5%）
普通人日常	885个（4.9%）
剧情演绎	735个（4.2%）
帅　哥	721个（4.0%）
休闲娱乐	684个（3.8%）
旅　游	663个（3.7%）

抖音平台上还出现了不少以传播普通人在城市空间中的日常生活体验或者普通市民生活中的随拍(包括城市中的行走、消费等各种行为)为主要内容的抖音账号,被运营团队贴上"普通人"和"生活技能"等标签。对于传播城市形象来说,带有这几类标签的抖音账号能够更充分地利用数字平台提供的参与互动,从普通城市居民日常生活的视角,更为平视地展现所在城市的特点。此类短视频内容使得普通人与城市空间之间发生的种种关系,以及市民们在城市公共空间中的日常生活实际变得更为可见。从理论上讲,长期集中发布这几类内容的抖音账号很有可能利用网络短视频技术提供的支持,为普通市民建立与空间地点的关联,为凸显一般城市人的体验感受,形成新型的城市本地知识和认同,甚至为城市中的普通市民在日常生活中主张自己对城市空间的权利创造技术上的可能。

探究运营团队对各类账号按发布内容的分类在各个城市群之间的分布状况(见表3.6)可以发现,各类官方账号已经成为除成渝城市群外,其他所有城市群中占比最大的抖音账号类型(所占比例从9.2%到17.4%)。其中,官方账号比例最高者为京津冀城市群,这与北京作为全国的政治文化中心,城市空间中汇聚大量公务和商业机构紧密相关。在成渝城市群中,各类账号标签中排名第一的为美食而非官方账号。相比其他城市群,成渝城市群中个体网民集中围绕美食和美女两大主题发布短视频的账号占比更高,各类机构的力量相比个人网民围绕"三美"发布短视频并未占据优势。数据分布的总体状况显示,在抖音平台上,各类企业和政府机关的官方账号已经成为建构城市形象过程中最为重要的信息来源与实践主体。

表3.6 不同类别抖音短视频账号在八大城市群中的分布

城市群	占比前一分类	占比前二分类	占比前三分类	无分类比例
成渝城市群	美食餐饮 (10.1%)	官方账号 (6.8%) 生活随拍 (6.8%)	美女(3.7%)	无标签 (50.5%)
关中平原城市群	官方账号 (9.2%)	生活随拍 (5.5%)	美食餐饮 (4.2%)	无标签 (62.4%)

（续表）

城 市 群	占比前一分类	占比前二分类	占比前三分类	无分类比例
哈长城市群	官方账号（12.7%）	美食餐饮（11.7%）	生活随拍（7%）	无标签（48.1%）
京津冀城市群	官方账号（17.4%）	生活随拍（6.8%）	美食餐饮（6.7%）	无标签（39.6%）
粤港澳大湾区	官方账号（9.8%）	生活随拍（7.7%）	美食餐饮（7.1%）	无标签（50.1%）
长江中游城市群	官方账号（10.8%）	美食餐饮（9.8%）	生活随拍（4.5%）	无标签（54.2%）
长三角城市群	官方账号（12.1%）	美食餐饮（7.9%）	美女（4%）	无标签（48.5%）
中原城市群	官方账号（12.4%）	生活随拍（4.9%）	美食餐饮（4.4%）	无标签（61%）

除了长三角城市群和成渝城市群外，长江中游城市群、中原城市群、哈长城市群和京津冀城市群等城市群中抖音短视频账号标签名列第二位、第三位的都是生活随拍和美食餐饮。考虑到同一账号发布内容、拍摄习惯、叙事方式或发布主角等方面的一贯连续性，这些带有生活随拍或美食餐饮标签的抖音账号在平台上提供了不少围绕日常衣食住行的个人叙事，将大量普通网民个人生活的印记和个人叙事连续不断地留在抖音平台上。比较例外的是成渝城市群和长三角城市群的抖音账号。在长三角城市群中，带有美女标签的账号比例超过带有生活随拍标签的账号比例。在成渝城市群中，美女标签出现的比例仅次于官方账号和生活随拍标签出现的比例。美女和美食构成了成渝城市群在抖音空间中的主要城市形象。

三、抖音城市形象建构中作者的身体涉入

1. 拍摄中美颜和滤镜的应用

美颜镜头和创意滤镜的应用成为抖音平台上对自身进行数字化建构与公共呈现的重要手段。深入考察抖音城市形象建构实践中美颜和滤镜的使

用状况发现,样本总量中有38.4%的短视频作者在拍摄时用了美颜效果,有23.6%的短视频作者在制作内容时用了各种数字滤镜。总体上看,滤镜和美颜效果的使用在抖音平台上已经十分频繁。

进一步考察各个城市群的抖音实践者在滤镜和美颜效果方面的运用实践可以发现,各个城市群之间呈现较明显的差异。在使用美颜效果的热点短视频数量比例上,关中平原城市群(50.80%)、中原城市群(52.19%)和长江中游城市群(42.27%)的美颜效果应用比例高于样本总体使用美颜效果的比例(38.4%)。可以认为,关中平原城市群、中原城市群和长江中游城市群的抖音实践者们更倾向于在抖音短视频生产过程中使用各种美颜效果,尤其是关中平原城市群和中原城市群相关短视频中,超过一半的内容使用美颜效果。美颜效果的应用已经成为这几个城市群抖音实践中的常态。

考察滤镜的使用发现,与美颜效果的使用情况类似,关中平原城市群(35.43%)和中原城市群(29.13%)热点短视频中使用滤镜的比例也高于样本总体滤镜运用的比例(23.6%)。仔细分析滤镜使用列表的数据可以发现,在抖音热点短视频中使用最多的三大滤镜是"正常"、"可口"、"白皙"。其中,"正常"滤镜的使用与城市群的人数基本呈线性正相关。数据显示,"正常"滤镜使用的比例更多体现的不是城市群本身的特点,而是总体抖友人数的多寡。成渝城市群热点短视频作者显然更加偏爱使用"可口"滤镜。关中平原城市群和中原城市群热点短视频作者相对来说使用"白皙"滤镜的比例较大。不同城市群之间由于抖音网民中共享的文化不同,网民在日常抖音实践中对于短视频自我呈现的形象修饰策略各有不同。值得注意的是,各个城市群抖音短视频作者在美颜效果使用上的差异程度要远大于他们在各种滤镜使用上表现出来的不同。换言之,是否使用美颜效果作为抖音形象建构中的重要规则,在各个城市群之间存在比较明显的不同。

2. 不同屏幕拼接合拍的拍摄实践

与他人合拍的抖音短视频在表现形式上是指将两条不同作者生产的独立的抖音短视频视窗并列摆放在同一个画面中。在合拍视频中,每一个视窗都有各自独立的场景、人物和视频拍摄者。两个独立的抖音短视频视窗场景之间或者通过人物之间的对话,或者通过屏幕上文字交流等形式发生彼此之间的呼应

图 3.6 《与你合拍 @Menti》

或对比。例如,题为《与你合拍@Menti》的短视频作品(见图3.6)就将男女两位主人公的表情和言语并置于同一个视频场景中。屏幕右边的女士不断改变自拍的角度,左边的主人公慢慢被惊呆的过程完整地被呈现出来。合拍的拍摄实践能够通过拼贴和两个屏幕的关联,完整地呈现不同主人公之间在抖音平台上的对话互动过程。

在样本总体中采用合拍形式的短视频数量占比非常小(仅为总量的0.3%)。绝大多数短视频作者在拍摄和发布实践中更倾向于将抖音作为他们自我表达的重要方式,更习惯于通过单一的视窗进行贯穿一条线索的场景和故事情节生产。偏爱将自己的自我表达作品与由其他作者生产的短视频作品并置在同一屏幕中,共同展示日常生活中的相互交往和对比反差的抖音实践者占比并不高。

相对而言,合拍短视频数量占城市群短视频总数相对比较大的仅有关中平原城市群(0.70%)和中原城市群(0.39%)。这两个城市群的抖友在拍摄城市相关短视频时,更多展现出与异质的抖音场景共同在场且彼此呼应交流的短视频呈现方式。

3. 作为自我呈现的自拍实践

在抖音短视频拍摄过程中,如果使用手机自带的前置摄像头(而非后置摄像头)就可以进行自拍的拍摄实践。通常情况下,自拍代表短视频作者自身形象在抖音平台上的呈现策略,也更直接地将自身形象与各类城市公共空间联系起来。自拍作为抖音拍摄实践中最为重要的形态,为广大抖友提供了将自身身体形象"投射"到城市公共空间,并且将由此形成的影像发布到平台参与公共交往的更多可能。

考虑到有大量实践者在短视频拍摄中所采用的相机设备(前后置摄像头)信息并未被抖音平台详细地记录下来,故本节只能根据样本数据中已有的关于相机设备的数据情况进行统计分析。分析结果显示,在记录拍摄镜头信息的部分样本中,采用自拍形式的短视频数量占所有短视频数量的84.2%,占样本总量的绝大多数。虽然我们只能根据拍摄镜头信息的记录作出判断,但考虑到没有理由相信记录拍摄镜头信息与未能记录拍摄镜头信息的分布之间存在系统的差异,所以大致可以作出判断,抖音平台上很大比例的拍摄实践都采用自拍或者至少是自拍结合他拍的方式。

基于数据分析结果可以发现,与传统的相机拍摄实践正好相反,透过镜头去"观看"他人的做法在抖音平台上反而占少数比例。抖音的拍摄实践很大程度上改变了透过相机去观看他人的惯常操作。抖音成了主要被用于实践自我呈现,通过自拍实践向公众展现自我与城市空间关系的媒体平台。

4. 背景音乐的选用

背景音乐的选择和创作也构成了抖音实践中重要的环节。音乐作为视频作品有机的组成元素,很大程度上体现了作者拍摄当时的情感,并且能够对网民的听觉体验、情感反应和对抖音内容的认知理解产生切实可见的影响。

从样本数据总体呈现的情况看,有56.4%的城市形象短视频选用了各种各样的背景音乐。总体上看,带有背景音乐的短视频数量超过样本总量一半以上。深入考察抖音城市形象短视频中累计播放量排名靠前的2 000条短视频的背景音乐可以发现,用音乐和不用音乐的短视频数量比例基本平分秋色,大体上各占一半。在所有城市群中,就采用背景音乐的短视频数量比例而言,关中平原城市群(64.25%)和中原城市群(61.30%)的比例相对较高,而哈长城市群(47.55%)和京津冀城市群(49.47%)的比例则相对小一些(见图3.7)。

我们用方差分析方法系统比较了带有背景音乐的短视频与不带背景音乐的短视频在累计播放量上的差异。比较意图探究带有背景音乐能否提高短视频在平台上的累计热度。统计比较分析发现,线性模型整体而言具有统计上的显著性($F = 136.6, p < .01$),即带有背景音乐会对抖音短视频获得的累计播放量产生显著影响。与一般认为背景音乐能提高短视频吸引力的常识相反,所有带背景音乐的短视频累计播放量的均值要小于不带背景音乐的短视频的累计播放量均值,而且这种差异具有统计上的显著性。这一发现提示我们,给短视频加上背景音乐的实践或许能够满足作者的自我表

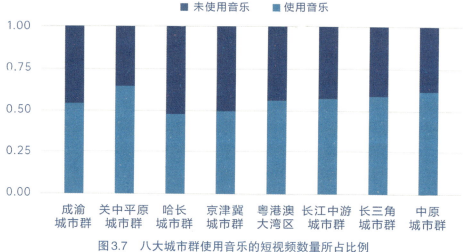

图3.7 八大城市群使用音乐的短视频数量所占比例

达需求,为短视频内容增加情感色彩。然而,加上背景音乐未必总是能够吸引来更多的播放关注。差异不显著的分析发现提示我们,或许仅仅为短视频加上背景音乐本身并不足以提高短视频的吸引力。换言之,如果仅仅加上音乐难以直接提高短视频的传播热度,那么或许音乐的质量、音乐是否是用户原创、音乐与视频画面的关系、音乐音量的设置、音乐与网民们刷抖音时独特的线下场景之间的契合程度等一系列其他中介变量,有可能更有效地改变背景音乐对于抖音传播效果的影响。

我们进而探究了音乐来源的类型构成和音乐类型是否会影响播放热度。数据分析显示,由抖音平台提供的现成的背景音乐数量占样本采用音乐总数约二成,而由网络用户自发原创生产出来的背景音乐数量占所有音乐总数的八成左右。在各个城市群热点短视频使用音乐的类型方面,数据上没有太大差异,绝大部分热点短视频使用的都是其他普通用户原创生产的音乐内容(见图3.8)。数据分布状况显示,为自己拍摄的抖音短视频作品有意识地选择原创背景音乐,已经成为抖音平台上最为常见的公众参与城市形象建构的方式。此外,初步的均值比较分析显示,虽然是否带背景音乐不能直接影响短视频所能够吸引到的累计播放热度,但是相比采用平台提供的背景音乐的短视频,那些采用用户生产原创背景音乐的短视频平均获得了更高的播放热度($F = 4.66$,$p < .01$)。结合前文围绕背景音乐传播效果的分析,我们发现,虽然仅仅加上

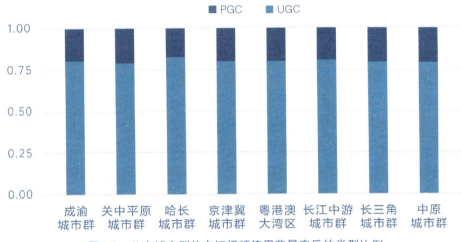

图 3.8 八大城市群热点短视频使用背景音乐的类型比例

背景音乐本身不足以提高抖音城市相关短视频在网民间吸引播放量的能力，但如果采用网民自发原创的音乐作为短视频的背景音乐却可以有效地提高短视频在平台上吸引的累计播放量。创造性的背景音乐成为"吸睛"的利器。

从用户生产原创音乐的发布数量在各个城市群之间的分布比例来看，城市群为整个抖音平台贡献UGC背景音乐从多到少依次为长三角城市群（23.87%）、成渝城市群（14.83%）、京津冀城市群（14.00%）和粤港澳大湾区（13.83%）四个不同的城市群。这四个城市群成为抖音平台上用户生产原创音乐的主要来源地。在几个国家级城市群中，采用原创音乐比例最小的是哈长城市群。换言之，就音乐的原创能力和贡献率而言，长三角城市群、成渝城市群、京津冀城市群和粤港澳大湾区等地在背景音乐方面展现出来的创造力最强。这一发现一方面显示出抖音平台上音乐艺术原创能力的分布情况；另一方面，长三角城市群、成渝城市群等城市群特有的地域文化和网民对音乐的喜好，更有可能影响抖音平台上大家实际在浏览中听到的背景音乐类型与风格。

四、抖音城市形象建构中的虚实穿梭

1. POI使用及认领情况

抖音平台上建构城市形象的实践还包括给各个城市地点打上POI标

签。POI是point of interest英文首字母缩写，中文可以翻译为"兴趣地点"。在地理信息系统中，一个城市中的POI可以是一栋房子、一个商铺、一个邮筒、一个公交站等。传统的地理信息采集方法需要地图测绘人员采用精密的测绘仪器去获取一个兴趣地点的经纬度，然后标记下来。每个POI包含四个方面的信息：名称、类别、坐标、分类。POI分为一级类和二级类，每个分类都有相应的行业的代码和名称，方便信息采集的记录和区分。全面的POI讯息是数字地图数据库中必备的资讯。充分及时的POI能提醒用户路况的分支及周边建筑的详尽信息，也能方便在导航中查到你所需要去的各个地方，选择最为便捷和通畅的道路来进行路径规划。对一个线上的城市地理系统来说，POI的数量多寡在一定程度上代表整个系统作为地图的数据信息价值。不同城市群中城市形象短视频被打上POI标签的数量比例，一定程度上显示出该城市群抖音短视频提供的在虚实之间进行穿梭的通道的多寡，以及抖音城市在线上与线下地点之间相互勾连汇流的紧密程度。

各个城市群之间使用POI的热点短视频数量占该城市群所有热点短视频总数的比例差异不大（见图3.9）。其中，关中平原城市群无POI的热点短视频在样本总量中所占比例相对较小，仅占所有热点短视频总数的19.51%，这意味着该城市群有高达80.49%的热点短视频使用了POI标签。关中平原城市群在城市形象建构的抖音实践中，留下了大量POI形态

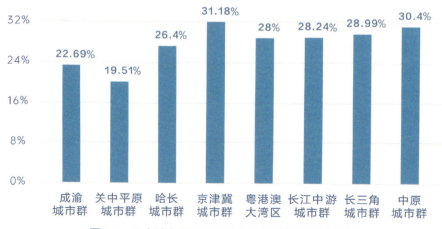

图3.9 八大城市群无POI热点短视频数量所占比例

的地点标签信息,为抖音平台的地理位置系统提供了最为密集的关于城市各类地点的信息。

除了给各类短视频打POI地点标签的实践之外,企业或各类其他机构认领POI也是体现抖音城市虚实穿梭的重要指标之一。商家认领POI的实践行为可以让商家获得独家专属的唯一位置,即网友刷抖音时看到的位置。参加此次活动的商家,能够获得更高的线上流量的线下转化,与POI认领的实践有很大的关系。当网友看到视频时,如果有喜欢的美食,直接就可以看到位置。认领的POI在引导网友浏览视频的同时,能够帮助网友了解POI店铺相关信息,缩短网友"拔草"时间,提升转化率,有效为线下门店导流。而商家通过认领的POI页面可以向用户推荐商品、优惠券、店铺活动等。认领POI对于线下企业的价值在于,它建立起线下企业与线上用户直接互动沟通的桥梁,提升线上流量向线下地点的转化率,有效为线下企业进行潜在客户的导流。

在POI地点标签被认领的比例方面(见图3.10),在所有带有POI标签的热点短视频中,仅有4.94%的热点短视频的POI被各类机构认领;在所有带有POI的地点标签中,POI被认领比例占城市群热点短视频比例较大的有长三角城市群(6.62%)、京津冀城市群(5.87%)和成渝城市群(5.45%)。长三角城市群、京津冀城市群和成渝城市群等地区中,商家认领抖音POI并用于

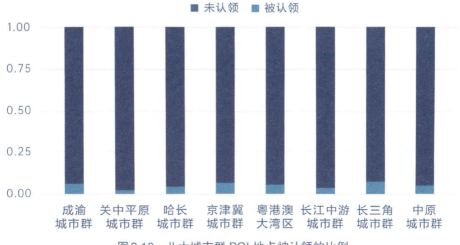

图3.10 八大城市群POI地点被认领的比例

营销的比例更高。而关中平原城市群虽然有80.49%的热点短视频都使用了POI的地点标签，但在该城市群中，POI标签被认领的比例仅占1.82%。换言之，关中平原城市群将抖音POI标签应用于地点营销方面的程度较低。认领POI比例在各个城市群之间的差异体现了不同地域文化环境对于线上POI营销手段广泛接受和采用的程度。

在政府机关、商业设施、餐饮服务和风景名胜等几类城市常见的公共空间类型中，总体上，餐饮服务类地点的POI被商家认领的比例最高（44.6%），商业设施类（20.3%）和风景名胜类（18.9%）空间的POI标签被认领的比例仅居其后。在各种城市空间类型中，比较容易理解的是政府机关类POI被认领的比例最低。政府机关类空间作为权威机关所在地的独特之处，使得POI认领的商业营销手段在此显得不那么常见。针对空间类型之间POI实践差异的分析显示，POI认领实践的主要实践者为餐饮服务和各种商业机构。各种非商业社会组织，包括政府机关，或许可以更多地利用POI认领的实践提高特定政治或社会文化空间在抖音网络中的显示度，并且积极利用POI数据促进线上线下流量的转变穿梭。

2. 短视频POI地点类型

在有POI标签的热点短视频中，我们选取三级POI层级中第一级的POI标签作为POI类型的数据分析的依据。从各个城市群中第一级POI标签的具体内容看，各大城市群某个POI类型的热点短视频数量占该城市群所有热点短视频数量的百分比前三位的类型，大概代表了不同城市群的城市形象建构实践在数字平台上留下的地理讯息的性质。

根据表3.7，八大城市群中绝大多数占主导地位的POI标签都是当地的餐饮服务或风景名胜。从第一级POI标签的类型来看，适合吃喝玩乐的地点标签占绝大多数城市群抖音地理信息系统最为主要的部分。其中，比较突出的例外有长江中游城市群、京津冀城市群、关中平原城市群和中原城市群。关中平原城市群是唯一POI占比例第一的是政府机构及社会团体的城市群。研究发现，政府机构及社会团体类POI应用最多的为咸阳和西安两个城市，尤其咸阳市政府机构及社会团体对抖音POI的应用占比最多。从关中平原城市群中该类POI具体的类型看，咸阳的乾县公路、西安康复路交易广场、咸阳市泾阳县公安消防大队、西安国际港务区规划馆等地方都成为POI地点出现频率遥遥领先的地方。

表3.7 八大城市群抖音短视频POI类型前三位

城市群	POI类型占比第一位	POI类型占比第二位	POI类型占比第三位
成渝城市群	餐饮服务（26.57%）	风景名胜（17.66%）	购物服务（12.26%）
关中平原城市群	政府机构及社会团体（34.96%）	风景名胜（20.22%）	餐饮服务（11.53%）
哈长城市群	餐饮服务（27.80%）	风景名胜（12.29%）	科教文化服务（11.82%）
京津冀城市群	餐饮服务（18.43%）	科教文化服务（18.17%）	风景名胜（14.97%）
粤港澳大湾区	餐饮服务（20.09%）	风景名胜（16.59%）	购物服务（14.13%）
长江中游城市群	餐饮服务（18.66%）	政府机构及社会团体（17.91%）	风景名胜（15.74%）
长三角城市群	餐饮服务（21.77%）	风景名胜（18.04%）	购物服务（13.77%）
中原城市群	风景名胜（18.27%）	政府机构及社会团体（17.50%）	餐饮服务（16.54%）

京津冀城市群中除了涉及吃喝玩乐的餐饮服务和风景名胜外，有超过18%的第一级POI标签为科教文化服务。该地区密集的文化科教资源在抖音的地理信息中得到比较充分的体现。成渝城市群、长三角城市群和粤港澳大湾区三个城市群排名前三的第一级POI标签都是餐饮服务、风景名胜和购物服务。添加空间地点标签的实践一定程度上体现出这三个城市群在抖音平台上呈现出相对更为商业化，也更贴近日常生活的空间形象特征。

与第一级POI标签相比，第二、三级地点标签涉及的城市公共地点的空间尺度更小，更多牵涉到微观的具体地点。从抖音城市地理系统的信息量来说，第二、三级的POI标签携带的信息颗粒更小。为了从更微观的视角考察不同城市群中围绕更下一级POI标签的实践情况，我们对各个城市群排名靠前的三级POI标签做了统计分析。

表3.8对第三级POI类型数据分析的结果显示了几个主要的趋势。首先，各个城市群中相对基层的下属行政区域，包括区县级和地方级城市在第三级更微观的POI标签中是最为重要的标签。在粤港澳大湾区、长江中游城市群和中原城市群中，地方级城市的名称成了最为频繁出现的第三级POI标签。据此可以推断，城市群中基层的行政地点、区县级和地方级的城市区划在抖音地理系统中构成重要的信息类型。其次，相比前面对第一级POI类型的分析结果，哈长城市群、京津冀城市群和中原城市群等不少城市群的第三级POI中频繁出现高等院校作为城市POI。一方面，高等院校中的自然人文景观成为抖音上城市形象建构者们经常标识的地点；另一方面，结合前文对抖音城市形象建构实践者的年龄性别分析推论，抖音城市形象短视频的拍摄者中大学生群体是重要的构成。最后，餐饮服务，甚至是餐饮中细分到中餐厅的地点，成为第三级POI中最为重要的标签信息。

表3.8　八大城市群抖音短视频POI占比前三的空间类型

城市群	POI占比第一位	POI占比第二位	POI占比第三位
成渝城市群	餐饮相关	中餐厅	购物中心
关中平原城市群	区县级政府事业单位和社会治安机构	风景名胜	地方级政府及地名
哈长城市群	餐饮相关	高等院校	地方级市名
京津冀城市群	高等院校	风景名胜	餐饮相关 购物中心
粤港澳大湾区	地方级市名	购物中心 中餐厅	公园
长江中游城市群	地方级市名	区县级地名 餐饮相关	风景名胜
长三角城市群	餐饮相关	风景名胜 地方级地名	国家级景点
中原城市群	地方级市名	餐饮相关 中餐厅	高等院校

五、抖音城市形象建构中的互动参与

1. 创意贴纸应用

抖音创意贴纸是一种视频拍摄时拍摄者可以选择使用的数字化滤镜道具(见图3.11)。通过应用贴纸道具,拍摄者可以给视频加上虚拟的物品(如皇冠、兔子耳朵、眼镜等),以及改变视频中人脸的形态的特效(如瘦脸贴纸、憨厚脸贴纸或者半人半猫脸等特殊效果)。在抖音平台上相对比较受欢迎的创意贴纸包括将屏幕一分为三的分屏贴纸、白色小猫咪贴纸和控雨或控花贴纸。其中,控雨(和类似的控花)贴纸应用抖音手势识别与粒子系统两大自主研发技术,当你在镜头前张开手,AI手势算法开始高速运转,实现雨滴粒子静止的特效。

创意贴纸不仅是增强趣味性和互动性的道具,更是平台对AI技术在场景落地上的持续探索,让用户更好地实现内容表达,提升参与感和体验感。

图3.11 抖音创意贴纸在自拍中的应用

除了创意贴纸之外,还有所谓信息化贴纸,是指在短视频内容拍摄完成后,在视频内容中加入包括时间、地点等信息标签的贴纸道具。

从各个城市群热点短视频贴纸的使用情况来看,没有使用贴纸的热点短视频占绝大多数,样本总量中只有占比1.3%的短视频采用创意贴纸道具,而使用信息化贴纸的短视频比例在1%,都属于绝对少数的拍摄实践。从各个城市群在创意贴纸应用上的差异来看,关中平原城市群占所有用贴纸的短视频总量的23.3%,长三角城市群用贴纸道具的相关短视频数量在所有应用贴纸短视频总数中占17.3%。这两个城市群中的抖音实践者在建构城市形象时,相对更积极地应用各种贴纸道具。而贴纸道具应用得最少的是哈长城市群的抖友们(在所有应用贴纸的短视频数量中,来自哈长城市群的短视频数量仅占2.8%)。信息化贴纸的使用情况更少,最多的关中平原城市群也只有1.49%的热点短视频使用信息化贴纸。数据显示,只有非常少的抖友在抖音短视频拍摄完成之后,愿意在后期加上地点或者时间信息的数字贴纸。

2. 挑战参与情况

挑战是抖音特有的玩法之一,现在已经将表述统一改为"话题"。抖音话题是在抖音内聚合同一个主题视频内容的话题形式。用户可以通过拍摄与主题内容相符的短视频参与话题,如参与热门舞蹈模仿、记录热门地点美景等。参与抖音话题的短视频会在短视频标题处带"#"。挑战话题结合抖音开屏、红人、热搜、信息流、定制贴纸等商业化流量入口的资源,运用抖音最重要的一条参与逻辑——模仿,即让其他网友参与模仿发起挑战者的拍摄实践(涉及剧情类短视频的扮演创作、才艺的表演竞赛等)。各种话题挑战赛已然成为诸多品牌选择与抖音共建内容的功能,以及抖音平台上吸引最多公众参与的实践形式。例如,携程邀请抖音短视频创作网红,在重庆、三亚等城市进行旅游打卡。此次挑战赛视频累计播放量高达34亿次之多。

从参与挑战的情况来看,带有各种挑战的短视频占据样本总量的48.9%,几乎占到一半。其中,各个城市群中高于平均比例的只有长江中游城市群,其55.01%的热点短视频都参与了挑战;而远低于平均水平的是中原城市群(41.63%)和关中平原城市群(40.78%)(见图3.12)。从媒介实践

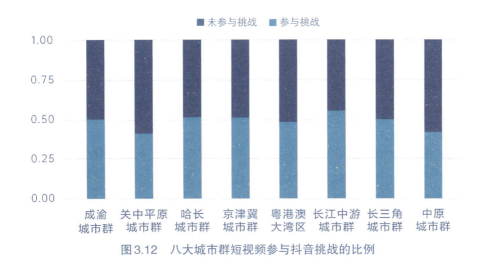

图3.12 八大城市群短视频参与抖音挑战的比例

的角度看，在短视频中加入挑战竞赛的方式与其他抖音网友发生互动已经成为平台上非常重要的实践形态。

从参与挑战的描述来看，各个城市群热点短视频的挑战描述都具有非常鲜明的地域特色。例如，在成渝城市群的挑战描述中，"成都"一词的权重达到0.993 4，"重庆"一词的权重达到0.862 9，"武侯祠"、"川剧"等富有地域特色的词汇也经常出现。此外，"挑战赛"等也在各个城市群热点短视频的挑战描述中经常出现。除去明显的城市名外，各个城市群热点短视频挑战描述中出现频次排名前五位的关键词见表3.9。

表3.9 八大城市群热点短视频挑战描述中频次排名前五位的关键词

城 市 群	1	2	3	4	5
成渝城市群	贴纸	达人	美好	道具	vlog
关中平原城市群	永和	丽人	道具	贴纸	天水
哈长城市群	开奖	现金	冰雪	美好	打卡
京津冀城市群	贴纸	拍摄	道具	赞数	apple
粤港澳大湾区	贴纸	达人	拍摄	美好	礼包
长江中游城市群	开奖	老乡	彩蛋	樱花	拍摄

（续表）

城市群	1	2	3	4	5
长三角城市群	贴纸	达人	种草	首站	明明白白
中原城市群	逗比	开奖	牡丹	拍摄	华为

从表3.9的排名情况可以发现，包括贴纸在内的各种数字化道具成为各种挑战中十分重要的元素。在不少短视频中，对于挑战性质的描述中都会涉及创意贴纸或道具等关键词。考虑到贴纸作为一种创意滤镜，网友们模仿带着贴纸的拍摄成了所有挑战中比较重要的组成部分。另外，开奖和彩蛋等基于运气的活动也成为一种比较常见的抖音挑战类型。各种达人对于特定技能的公开展示和相互模仿也成为一种典型的抖音挑战游戏，吸引了大量的网民参与。

第四章
抖音城市空间建构的最佳实践

综合考虑前面章节对抖音城市热度和抖音建构实践的讨论，本章进一步针对不同城市群，呈现五类常见的城市公共空间类型在抖音平台上有效的建构实践，力图揭示出抖音城市空间建构的最佳实践。

自2016年"短视频元年"之后，有大量学者开始探讨抖音短视频能够吸引大量网络关注的原因（参见王东，2018；千继贤，2018）。研究者更多是从抖音本身的技术属性和抖音平台所吸引的人群特征入手来探究抖音成功的原因。鲜有研究从城市常见的公共空间类型出发，更为细致地探究各种不同性质的抖音实践（具体包括抖音空间形象建构实践中的参与互动、身体涉入、虚实穿梭等维度），如何能够与各种城市公共空间的形象在抖音平台上产生不同形态的多元关联。媒介实践与传播热度之间的关联，一方面对于更深刻地理解抖音实践在媒介效果理论上的意义有一定的贡献；另一方面，能够深入揭示出抖音城市空间类型建构过程中的最佳实践方式，为有效提高各类公共空间形象的抖音传播提供有益可行的借鉴。

本章基于抖音平台的短视频大数据，主要探究以下几个方面的问题。第一节集中探究五类常见的城市公共空间类型在各个城市之间的传播特点。展现不同空间在不同城市群的热度分布，可以为后文探讨抖音空间建构的最佳实践奠定基础。第二节和第三节为本章的核心章节，系统比较不同城市群的特定文化社会环境中，传播热度（包括累计播放量、累计点赞数、累计评论数和累计转发数等各项指标）较高和较低的各类空间建构短视频分别具有哪些不同的特点。通过对比，研究意图勾勒出抖音城市空间形象建构的最佳实践。最后，基于对抖音空间形象建构最佳实践的分析结果，本章提出一系列不同空间类型在抖音平台上进行形象传播的相关建议和结论。

第一节 城市空间形象

笔者以单个城市为分析单位,意在从整体上描绘出五类不同性质的城市公共空间在抖音短视频平台上建构和传播的整体状况。为了进一步揭示每一类城市公共空间在抖音平台上建构的具体特征,本节我们将分别按照每一类城市空间,逐一分析其抖音平台的建构特征。

具体而言,笔者先依据数据分析了各种城市公共空间类型的形象在我国几个主要的抖音城市中的分布情况。随后,根据第一步的分析结果,笔者选取各个城市中涉及特定空间类型累计播放量最多的最热门内容进行更为细致的质化文本分析。第二步质化分析的目的在于,在第一步的基础上揭示出该类城市形象建构中最为热门的内容特征和特定内容在城市间的分布状况。

一、餐饮服务类空间

餐饮服务主要指发布空间和城市中各类与食物、餐饮有关的空间。按照其在抖音平台上的呈现,具体包括餐厅美食场所、街边小吃摊、各类城市夜市、地方美食制作的工作场所等。餐饮服务类空间在抖音的视觉表现中,通常会突出食物的色香味等方面对观众各方面感官的刺激,并且突出餐饮服务类空间和人们的就餐实践与城市特定文化传承和历史脉络之间的扭结。

在被定义的城市空间类型中,我们进一步根据短视频发布所在地筛选出餐饮服务类城市空间相关短视频在不同城市之间的数量分布比例(见图4.1)。

从数据分布可以发现,发布餐饮服务相关短视频数量排名前15的城市的短视频数量之和占总量的比例超过七成,其中,发布餐饮服务类短视频数量排名前五的城市依次是成都、北京、上海、重庆和广州,这与我们的传统印象非常接近。成都和重庆的巴蜀美食、广州的精致茶点,吸引了大量抖音网友在平台上观看相关内容后,为了一饱口福而从线上"穿梭"到线下,去实地逛一逛、尝一尝。短视频的传播从另一个侧面强化了这三座城市的美食

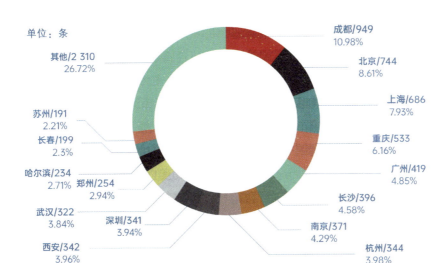

注：数据为2018年1月3日到2019年6月1日的抖音短视频脱敏数据。

图4.1 抖音平台餐饮服务类空间城市短视频数量分布图

标签。北京和上海分别是我国的政治中心和经济中心，也是两个超大城市。抖音短视频呈现的形象中，突出了餐饮美食的空间维度，从很大程度上使这两座国际大都市的城市形象在传统的政治经济等面向之外，呈现出市民生活于其中，饮食男女与城市之间发生关联的可能性。与此相关，城市本身在抖音平台上的形象也更有层次感，更加多元。

　　我们基于上一步分析，选取每个城市中累计播放量最高的短视频，对其具体内容做文本解析。我们发现，成都与餐饮服务相关的短视频中，累计播放量最高的是市井街巷的老店小吃回锅肉面。面食特有的色泽与成都红红火火的城市性格紧密融合，吸引了大量的关注。北京与餐饮相关的短视频中播放量最高的是一条颇有反差感的萌妹子大饭量嗦汤粉的短视频。强烈的反差和短视频本身的趣味性成为其吸引网友的关键。上海最具有人气的与餐饮服务相关的短视频是抖音达人"@多余和毛毛姐"的流量组合短视频。"@多余和毛毛姐"本身是抖音平台上的"最佳人气主播"，带有大量的粉丝流量。重庆与餐饮服务相关的短视频中的抖音达人是曾多次霸屏的火锅美女张辉映。广州热度最高的与餐饮相关的短视频是抖音达人"@浪胃仙"和粤菜馆点都德合作的短视频。在餐饮服务类城市空间中，传统大众的地方特色美食很容易使城市的文化和日常生活形象具象化。餐饮美食成为在抖音平台上传播城市形象的重要元素,但要能保证短视频的完播率和传播效果,通常需要在传播过程中更加重视传播资源搭配运用、邀请流量抖音达人参与、场景出现明显反差增强趣味性,或者通过新的抖音玩法(如餐饮竞赛、围绕餐饮空间的剧情表演等)来激活城市老味道。

二、城市设施类空间

城市设施主要指影响城市生存发展,塑造城市公共交往和交通运输的各类现代化基础设施。在分析过程中,为了更清晰地将城市设施类空间与抖音平台上餐饮服务类空间和商业设施类空间区分开来,我们将相对更具有公共空间性质的城市设施定义为公共设施,具体包括城市的飞机场、火车站、地铁站,以及各类展览馆、博物馆、电影院等公共文化类空间。抖音平台对于各类城市公共设施的形象建构,一方面突出各个城市公共空间线上线下的活跃程度;另一方面,也更显著地在抖音短视频发布者与城市公共设施之间建立起更个人化的情感体验关系(例如个人对艺术博物馆的体验,个人在火车站或飞机场等城市公共空间中发生的各类故事)。

基于对城市设施类空间的界定,笔者进一步根据短视频发布城市的不同,制作出该空间类目下城市短视频的数量分布图(见图4.2)。

在此类城市公共空间中,我们依旧选取短视频发布数量排名前15的城市加以分析。排名前15的城市相关短视频数量总和占该类空间所有短视频的比例接近七成。其中,排名前五的城市分别是北京、上海、成都、广州、深圳。全国四座一线城市均上榜。此外,新一线城市成都位列第三,超过广州和深圳,成为城市设施类空间形象传播中比较令人瞩目的"黑马"。

北上广深多年来都是应届毕业生和高端人才择业落户的首选地区,除了经济发达,还有完善的城市配套设施。在抖音短视频加速城市形象传播的过程中,西部新一线城市显然是流量的受益者。具备吸引游客和人才的先决条件后,城市是否能够真正留住人才是城市设施类空间热度讨论之外该思考的严肃问题。

从具体的短视频内容看,北京火车站是一个常会出现久别重逢和伤感离别场景的空间,也是来北京打拼奋斗过的人都有的城市记忆。北京火车

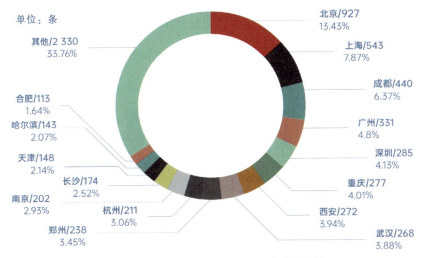

注：数据为2018年1月3日到2019年6月1日的抖音短视频脱敏数据。

图4.2 抖音平台城市设施类空间城市短视频数量分布图

站成了抖音平台上各种个人故事发生的重要舞台。与北京略有不同，上海作为国际大都市，除了经济水平高，还有更丰富的文化生活方式。在上海的城市设施类短视频中，美术馆和博物馆是吸引网友关注最多的空间。而成渝城市群中的成都，美女帅哥养眼，再来一段专业的劲舞表演更是"吸睛"无数。广州电视塔"小蛮腰"一眼就能被认出，这也是广州辨识度最高的城市设施类地标之一。深圳会展中心虽然不是深圳最具代表性的地标，但抖音平台上大量活力四射的年轻人在会展中心的活动和才艺展示成为城市活力最好的代言人。五个城市最热门的短视频都通过人来展现城市空间，故事的叙事逻辑又恰到好处地体现出城市特点。

三、风景名胜类空间

在对材料进行编码的过程中，笔者将历史遗迹和自然景观这两类城市空间合并成风景名胜类城市空间。这一空间类型主要包括田园、湖泊、山脉等自然风光，以及名人故居、历史遗迹、庙宇宫殿等人文景观。风景名胜类城市空间的抖音拍摄更多涉及在各类风景名胜空间中的游览过程，而各个城市中所拥有的风景名胜，无论类型还是数量都有比较大的差异。按照对这一类城市空间的定义,我们进一步根据短视频发布所在地,制作该类空间城市相关短视频数量分布图(见图4.3)。

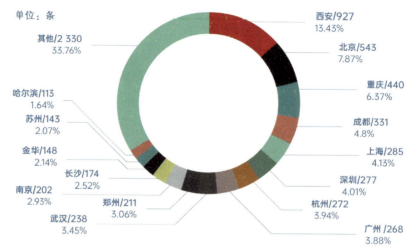

注:数据为2018年1月3日到2019年6月1日的抖音短视频脱敏数据。

图4.3 抖音平台风景名胜类空间城市短视频数量分布图

在风景名胜类空间中,短视频数量占比前15的城市所发布的短视频数量总和占比接近七成,其中,排名前五的城市是西安、北京、重庆、成都、上海。除了一线城市北京和上海外,三个新一线城市纷纷入榜,并且都属于西部地区城市。其中,仅西安一城的短视频数量就占13.4%,接近排名第二和第三城市的短视频数量之和。

西安是中国西部重要的中心城市,也是著名的历史文化名城,人文历史积淀深厚,旅游资源丰富,排位第一也在情理之中。例如,有一则短视频描绘在西安城墙下拍摄婚纱照的新人,虽然新郎面部烧伤,但新娘不离不弃,城墙提供了场景,比景更美的还有姑娘的心和两人的爱情。北京天安门升国旗是一个仪式感很强的场景,大雪天升旗就更显得庄严肃穆。重庆嘉陵江上乘船观夜景,属于重庆特有的景观风貌在这一条视频中得到立体展示,江景、夜景和山城美景尽收眼底。成都锦江湖晨跑是天府之国闲适生活方式的反映,视频主角还抓到一只大海参,增加了内容的趣味性。上海外滩游人不断,为了保证交通顺畅,武警执勤维护城市交通秩序,壮观且暖人心。有辨识度的城市空间,再加上不同的内容发布者都在讲述空间发生的故事,有温度的城市空间更容易留住人心。

此外,抖音的出现直接生成了许多新的景点,改变了"景点"概念的内涵。例如,在寒冷的冬季,来自四面八方的抖友不畏严寒,慕名来到济南宽厚里大石头旁,只为听一听连音社的音喉。不少年轻女孩专程跑到西塘古镇一睹西塘小哥的舞蹈揽客。越来越多的热门景点在抖音平台上被创造出来,并通过抖友们的打卡实践在线下得到实体化的实现(enactment)。一方面,景点的热点被当作旅游目的地,不再仅仅是各类静态景物集聚的地方;另一方面,抖音本身在创造景点方面展现出巨大的潜力。按照尼克·库尔德里对媒介实践和媒介仪式的论述,抖音支持的数字网络化实践反过来改变了实体的城市空间,令其更适合于抖音的媒体表现形式。

四、商业设施类空间

商业设施类城市空间指以营利为目的,以娱乐、休闲、消费为主要功能的经营性城市空间,具体包括遍布城市各地的各种便利店、大型商业综合体和各种具有本地特色的消费场合。在被定义的城市空间中,我们进一步根据短视频发布所在地,制作出该类空间城市短视频数量分布图(见图4.4)。

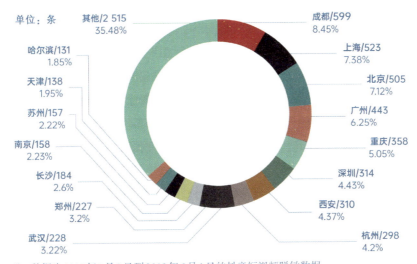

注:数据为2018年1月3日到2019年6月1日的抖音短视频脱敏数据。

图4.4 抖音平台商业设施类空间城市短视频数量分布图

商业设施类空间的短视频数量排名前15的城市短视频数量总和占总量比例接近七成,其中,排名前五的城市是成都、上海、北京、广州和重庆。所有城市中排名最高的成都相关短视频数量占比8.45%,超过中国的经济中心上海。成都的商业设施类城市空间形象塑造在抖音平台上显得十分突出。

成都作为新一线城市,在该类空间的排位说明城市整体的经济活跃度较高,区域发展空间大,对于积极发展释放出有利的城市信号。成都开了71年的地道老餐馆,再搭配主人公的地方方言,亲切感倍增。上海的火锅店,复原了旧时教室上课的场景,不仅有美食,还有满满的年代回忆。北京的亲子网红酒店,除了酒店本身的商业属性,还附加亲子关系,使空间内容更真实,也更精准。广州有哪些鞋城?一条商业设施城市分布的科普帖成了爆款,因为它与城市形象有直接关系,同时非常实用。重庆的火锅美名远扬,除了好吃,还真能把人辣哭,地区特色和城市文化的反差都成为城市空间传播必不可少的要素。

五、政府机关类空间

政府机关类城市空间的数据在抓取环节有实际操作难点,所以本书用政府账号发布的短视频代替短视频的空间标签进行抓取和筛选。不少政府机关账号发布的短视频内容都存在自我指向(self-reference),展现出政府机关类空间本身的特征。政府机关类短视频数量在不同城市之间的比例分布,一方面可以显示抖音平台对于政府机关作为一种城市公共空间类型的建构方式;另一方面,传播热度也大致反映了不同城市各个级别的政府机关账号在抖音平台上活跃程度的差异。在被定义的该类城市空间中,我们进一步根据短视频发布所在地,制作出该类空间城市短视频数量分布图(见图4.5)。

数据分析结果显示,政府机关类空间中城市的分布情况与前面四个城市空间类别相比出现了比较明显的不同。最为显著的不同在于,政府机关类空间短视频数量排名前15的城市短视频数量总和占总量的比例只有五成半。换言之,政府机关账号在抖音平台上的热度分布在各个城市之间显得更加分散,大量新一线和二、三线城市的政府机关账号在抖音平台上表现出非常强劲的内容生产能力和相当可观的传播活跃度。举例来说,湖北省地

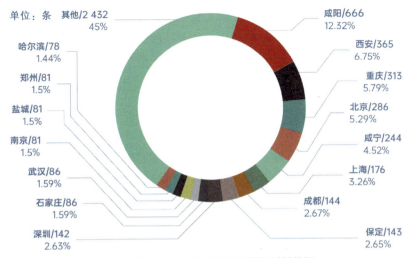

注：数据为2018年1月3日到2019年6月1日抖音短视频脱敏数据。

图4.5 抖音平台政府机关类空间城市短视频数量分布图

级市咸宁和关中平原城市群的咸阳等城市首次出现在区域城市空间的热门位置，说明在政务传播上，各级政府机关可以尝试的空间还很大，机会还很多。我国大量新近兴起的新一线城市，乃至二、三线城市从市一级政府到属下基层政府的各类行政机构都在一定程度上认识到抖音平台作为自身形象建构的重要阵地，在抖音平台的信息发布方面动足了脑筋。政府机关账号在社交媒体上纷纷开始走亲民化的群众路线，在内容生产、用户服务和参与互动等方面都向短视频时代过渡。抖音平台为各级城市政府机关的形象传播提供了非常有利的传播渠道，为许多原本在公众眼中可见度不高的政府机关提供了新形态的公众可见度，也为政府机关创造出一系列融合抖音技术平台数字传播特征的政府形象。

从具体发布的内容看，咸阳、西安、重庆、杭州、深圳、北京和咸宁等几个不同类型的城市在政府机关账号的传播热度上表现比较突出。研究发现，类似《这样的警察，你愿意给他赞吗？》这样对政府执法工作的宣传，标题为《驾驶证全国"一证通考"！来，兵哥哥教你侧位停车，科二保过~》的政府公共服务方面的短视频，像《这种声音胜似天籁之音，这种帅气帅得无边无际！！？》等着重展现城市标志性景点官方仪式的内容，都在抖音平台上吸引了大量的播放和再传播。咸阳市西咸新区沣西新城的官方账号通过抖音短视频积极宣传绿色环保的理念,其公号发布的内容直观有趣。西安市鄠邑区委网信办的官方账号邀请交警入镜,挥舞荧光棒,排列出"大西安"的宣传标语。政府官方账号"@平安重庆"发布了一则殉职交巡警的个人故事。交巡警作为短视频叙事的主人公爱岗敬业,但不幸突发疾病离世,展露出来的个人情感感动了无数网友。除了常见的英雄叙事之外,更多大城市里小人物(如辅警、保安、快递小哥等)的真实故事也不断在政府机关账号中出现,通过讲述与百姓日常生活更为贴近的城市故事,更多地与普通网民发生情感上的共振。在"@北京武警"发布的内容中,有一条短视频展现了武警战士在下雪天集体扫雪,其动作整齐划一,所着制服笔挺。短视频将武警战士的精神面貌与百姓日常扫雪的行为结合起来,赢得大量网友点赞和评论,极大地拉近了武警这一原来比较神秘的群体与普通网民之间的距离。在政务传播过程中,大众对政府人员正面形象的积极反馈,对贴近老百姓生活、真实感人、有正能量的视频素材有明显的偏好。政府机关的抖音官方账号在服务民生、宣传正能量和旅游推广等方面发挥了重要的作用。

第二节 空间形象建构的热度分布

抖音是帮助用户表达自我的短视频分享平台,用户生产内容在抖音平台上占比最多。什么样的城市空间在海量信息中容易被识别,得到有效且快速的传播呢?我们将所有样本数据按照城市空间类型分为五类,即风景名胜、商业设施、城市设施、餐饮服务和政府机关,从五类城市空间的抖音建构实践来看城市形象短视频的传播特点。

一、各类空间短视频数量占比

五类城市空间相关短视频数量各占城市空间相关短视频总数的五分之一,各类城市空间相关短视频数量没有明显差异(见图4.6)。

在研究团队抽取的48 757份样本数据中,五类城市空间相关短视频数

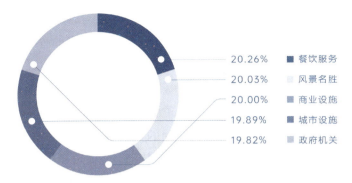

图4.6 抖音上各类城市空间短视频数量占比

量占比非常近似(每一个空间类型在样本总量中占的比例范围从19.8%到20.3%)。具体而言,各个城市群围绕餐饮服务、风景名胜和商业设施类空间的抖音短视频数量占比略微多些,而政府机关和城市设施的短视频数量相对略少一些。

从各大类型城市空间的热点短视频的标题来看,标题所含内容大多具有该类型空间的特色,例如,餐饮服务类空间中,"这家店"作为关键词频繁出现,多少显示在抖音平台上的餐饮更多突出地点的独特之处。此外,"厨师"、"卫生"和一些食物的名字也频繁出现。在政府机关类空间中,常出现与各级城市政府、国家相关的名词,如"丝绸之路"、"保家卫国"、"两弹一星"等官方主流话语中常见的话语。政府机关类空间形象的抖音建构很大程度上体现了官方主流话语提供的议程。而在城市设施、风景名胜、商业设施等城市空间的热点短视频标题中,不仅常出现各地的地名,还经常出现各类影视娱乐明星的名字,例如不同城市中最有可能偶遇明星的场所等。

二、八大城市群各类空间短视频数量占比

各个城市群之间,不同类型城市空间相关短视频在抖音短视频总数中占的比例各有不同。

数据分析发现,成渝城市群和哈长城市群的餐饮服务类空间最为突出,京津冀城市群的城市设施占城市形象最为重要的维度,成渝城市群和关中平原城市群的各类风景名胜最为突出,粤港澳大湾区的商业设施在城市形象中

最为突出,而关中平原城市群中政府机关抖音形象建构最为显著。

从短视频总数来看,热点短视频在长三角城市群中的分布数量占了最大比例(24%),成渝城市群其次(14.75%),哈长城市群占比最少(4.15%)。深入比较五类城市空间的抖音建构在各个城市群内部更为细节的分布情况,大概可以看出,城市群之间各自偏重的城市空间形象各有不同。在抖音城市形象建构中突出某类城市公共空间的显著度,能够很大程度上界定该城市群在抖音平台上最为主要的城市形象特征。

从城市群抖音形象建构的特征看,在长江中游城市群的抖音城市形象中,各类公共空间所占的显著程度基本比较均衡,基本上各占二成上下。该城市群短视频中所占比例最小的是与风景名胜相关的内容,而占比相对最多的是政府机关相关内容(见表4.1)。根据比例分布的状况可以认为,长江中游城市群中政府机关官方账号发布的政府形象类短视频在该城市群城市形象中至关重要。

表4.1 八大城市群中不同类型城市空间抖音短视频数量及占比

单位:个

城 市 群	政府机关	风景名胜	城市设施	商业设施	餐饮服务
长江中游城市群	1 345 (22.7%)	1 087 (18.4%)	1 146 (19.4%)	1 170 (19.8%)	1 166 (19.7%)
成渝城市群	972 (13.5%)	1 713 (23.8%)	1 251 (17.3%)	1 413 (19.6%)	1 844 (25.6%)
关中平原城市群	1 357 (36.7%)	884 (23.9%)	512 (13.6%)	482 (13%)	460 (12.4%)
哈长城市群	371 (18.3%)	295 (14.5%)	433 (21.4%)	360 (17.7%)	564 (27.8%)
京津冀城市群	1 606 (23.5%)	1 058 (15.5%)	1 751 (25.7%)	1 161 (17%)	1 236 (18.1%)
粤港澳大湾区	900 (13.3%)	1 358 (20.1%)	1 397 (20.7%)	1 713 (25.4%)	1 354 (20.2%)
长三角城市群	2 088 (17.7%)	2 332 (19.8%)	2 281 (19.4%)	2 541 (21.6%)	2 497 (21.2%)
中原城市群	1 023 (22%)	1 037 (22.3%)	927 (19.9%)	912 (19.6%)	749 (16.1%)

在成渝城市群的城市形象中,餐饮服务所占比例不仅在该城市群的五类城市空间中最高,也是八大城市群中餐饮服务抖音建构最为突出的城市群之一(仅次于哈长城市群)。成渝城市群中风景名胜和餐饮服务两类城市空间相关短视频数量占该城市群所有短视频数量的49.4%,比例接近一半。整体上,成渝城市群在抖音平台上餐饮娱乐的玩乐色彩非常浓厚,政府机关类城市空间相关内容所占比例不高。以成都和重庆为区域性热点城市的成渝城市群的城市形象主要以吃喝玩乐为主要特点,构成了该城市群抖音形象最为重要的特征。

在关中平原城市群的抖音城市空间形象中,与政府机关相关的内容占了重要比例。考虑到关中平原城市群的区域性中心城市西安的城市形象中,与当地的特色美食和人文自然风景相关的内容占了比较大的比例,可以推论,该城市群中包括宝鸡、咸阳、铜川、渭南及商洛、运城、临汾、天水、平凉、庆阳等地区的各级基层政府机构的官方账号,或许在抖音平台上相对比较活跃,发挥了较大的作用。关中平原城市群作为政府机关类公共空间城市形象传播的重镇,抖音传播深入基层政府机关公共服务和宣传工作的特点成为其独特的属性。关中平原城市群中的风景名胜类空间在城市形象中也占了十分突出的地位,而餐饮服务类空间的形象建构则在所有城市群中显得最为淡化。考虑到西安作为网红城市,其中各种西北美食所发挥的重要作用,可以认为,地区抖音热点城市的形象与整个城市群的形象之间可能存在差异。抖音空间建构数据呈现出来的特征表明,城市群内部独特的文化和政治格局能够对城市空间建构的偏重产生切实影响,抖音城市形象与城市实际线下的属性之间未必对应。抖音城市形象建构方式与线下城市刻板影响的形成常常遵循不同的逻辑。

考察哈长城市群中各类城市空间形象短视频的分布情况可以发现,在哈尔滨和长春等东北城市中,类似哈尔滨师大夜市这样的餐饮服务场所和各种城市的公共服务设施构成了城市形象中占比最大的元素。哈长城市群城市形象中餐饮服务类空间占的比例,在所有城市群餐饮服务类空间占的比例中排名第一。可以推论,东北当地特色的美食和东北城市中包括异域特色的公共设施建筑风格,成为哈长城市群抖音形象中最为重要的标志意象。哈长城市群中虽然拥有呼兰河口湿地公园、小兴安岭桃山景区、黑龙江镜泊湖、青山国家森林公园等诸多具有当地特点的风景名胜,但在抖音建构的城市空间意象中,哈长城市群风景名胜类空间的显著程度在所有国家级城市群中最小。如何使哈长城市群既有的自然风景在表现形式和渠道方面更加契合抖音短视频的特征,在抖音平台上获得更高的曝光率,是需要思考的问题。

京津冀城市群中抖音平台的空间建构突出了政府机关和城市设施两类空间。两者相关短视频数量相加达到该城市群所有短视频数量的49.2%,几乎接近总量的一半。对该城市群城市设施下属二、三级POI标签的细读发现,体育娱乐设施、公共交通设施和科教文化服务设施构成了京津冀城市群城市设施中最常被关注的地点类型。在政府机关相关短视频中,警察执法的视频、天安门广场升降国旗仪式和普通抖友在各个区属民政机关宣誓婚姻登记等内容得到最多关注。京津冀城市群各种空间类型中,相对被弱化的是关于风景名胜的内容。其中,吸引关注最多的风景名胜是北京的故宫、鼓楼,天津的海昌极地海洋公园,以及沧州的瀛海公园等。从空间类型在京津冀城市群中的整体分布看,该城市群中北京等国际大都市特有的现代化城市公共设施发挥了重要作用,而作为全国性政治中心的地位表现在政府机关账号在信息发布方面优势十分明显。

粤港澳大湾区的抖音形象从空间分布而言,政府机关在所有空间类型中的显著度比较低,基本上与成渝城市群的状况接近。与广东和港澳地区市民爱好美食的刻板印象不同,粤港澳大湾区的抖音城市形象中,餐饮服务相关内容所占比例在20%左右。该城市群中,商业设施类空间占最为重要的地位,同时也是所有城市群中商业设施类空间短视频数量占比最为突出的。深入查阅二级和三级POI标签可以发现,广州金和源购物广场、香港朗廷酒店和东莞汇星商业中心都在抖音平台上吸引了大量网友关注。从数据总体来看,粤港澳大湾区在抖音平台上的形象主要是商业贸易和服务业繁荣之所。

在长三角城市群的抖音形象中,不同类型城市空间之间短视频数量占比差异不大(17.7%—21.6%),商业设施与餐饮服务这两类空间相比略显突出。在长三角城市群中,商业设施类空间在抖音平台上呈现的显著程度显示了长三角城市群抖音形象中相对比较浓重的商业气息和各类企业在抖音平台上展现出来的活力。

在中原城市群的城市形象中,风景名胜和政府机关两类空间占了重要地位,两者短视频数量占比相加超过44%。郑州、开封、洛阳、南阳、安阳、商丘、新乡、平顶山、许昌、焦作、周口、信阳等中华文明发源地和著名古都中的历史文化景点构成了中原城市群在抖音平台上最为重要与显著的维度之一。与关中平原城市群类似,在中原城市群的城市形象中,美食餐饮所占比例也比较小。中原城市群特有的本地美食在抖音平台上仍有吸引更多热度的发展空间。

三、累计播放量

各个城市群中不同类型城市空间在抖音平台上的累计播放量方面没有出现差异。

为了探究不同城市群中不同类型城市空间的短视频在抖音上的累计播放量是否存在显著的不同,我们用线性多因子方差分析模型考察城市群和空间类型,这两个定类变量的主效应,以及其交互项在累计播放量上的差异。

统计分析结果显示,因子方差分析的线性模型本身无论是城市群($F = 1.44, p > .05$)和空间类型($F = .45, p > .05$)各自作为主效应,还是城市群与空间类型两个变量之间形成的交互项($F = .80, p > .05$)都不具有统计上的显著性。不同城市群之间、不同城市空间类型之间、城市群的不同空间类型之间,就累计播放量这一指标而言,所存在的数据分布差异并未有统计上的显著性。值得注意的是,累计播放量的指标指向特定短视频在平台上吸引的播放点击次数。从抖音平台的观看形式来看,被抖音推荐算法推送给用户,用户观看短视频的一部分内容就会形成观看体验中的一个元素。短视频获得的累计播放量很大程度上取决于短视频如何被系统算法推送给用户。然而,普通网友可以不等短视频播放完就直接通过滑动屏幕来跳过短视频。累计播放量的数字变动很大程度上受到平台算法、用户浏览历史,甚至是社会群体压力的多重复杂影响。因此,累计播放量作为衡量短视频吸引力的热度指标具有一定的局限性。所以,我们进一步探讨了累计完整播放量指标在不同城市群和不同类型城市空间之间的分布差异。针对累计完整播放量指标的研究,或许可以更有效度地体现不同地区、不同类型城市空间在平台上对普通网民的吸引力大小。

四、累计完整播放量

虽然累计播放量上没有显著差异，但各个城市群中不同类型城市空间之间在累计完整播放量上存在显著差异。累计完整播放量最多的是来自京津冀城市群的短视频，其后为哈长城市群和长三角城市群。长江中游城市群、中原城市群、粤港澳大湾区和成渝城市群的累计完整播放量没有显著差异，构成了第三梯队。关中平原城市群相比之下，累计完整播放量最低。从各个空间类型形象获得的累计完整播放量看，政府机关相关短视频获得的累计完整播放量居首，风景名胜短视频在平台上获得的累计完整播放量最少。

相比播放量，笔者认为，完整播放量能够更好地展示出短视频的吸引力。完整播放量需要待网友完全播放完短视频后才能计入该变量数值，体现了网友多大程度上或者被短视频内容吸引，或者为了获得短视频的相关知识主动作出选择，愿意花费时间和认知成本对短视频进行比较深入完整的观看。从观看投入的水平而言，累计完整播放量指标要比播放次数所能指向的用户投入更为深入。与前文类似，为了探究不同城市群中不同类型城市空间的短视频在平台上的累计完整播放量指标上是否存在显著的不同，我们用线性多因子方差分析模型考察了城市群和空间类型，以及这两个定类变量的交互项在累计完整播放量上的差异情况。

统计分析结果显示，累计完整播放量指标在城市群之间（F = 18.06, p < .01)，在不同空间类型之间（F = 169.4, p < .01)，以及在不同城市群的不同空间类型形象建构之间（两个因素的交叉项 F = 14.17, p < .01) 都存在统计上的显著差异。在方差分析建模之后，对各因素进行事后两两比较分析后发现，短视频累计完整播放量最高的城市群为京津冀城市群，紧随其后的是长三角城市群和哈长城市群，再其后是由长江中游城市群、中原城市群、粤港澳大湾区和成渝城市群构成的第三梯队。在所有城市群中，累计完整播放量较低的是关中平原城市群的短视频。关中平原城市群的短视频在用户吸引力和黏着能力上仍有进步的空间。各个城市群之间的差异在统计上显著。

从各个城市空间类型之间在累计完整播放量指标上的差异看，累计完

第四章 抖音城市空间建构的最佳实践

整播放量最高的是关于各类政府机关的短视频,之后递减依次是餐饮服务、城市设施和商业设施类空间,最少的是风景名胜类空间。各个空间类别之间的差异在统计上显著。从数据分析结果来看,风景观光片性质的短视频虽然能吸引不少点击量和观看量,但是在能够让网友完整地看视频的吸引力上略逊一筹。或许可以认为,抖音上真正吸引普通抖友的并非是对风景名胜自然景观的旁观,更为重要的或者是用户能够实际到线下打卡的城市公共设施、各类特色美食,或者是与用户切身利益相关的政府政务资讯。

从城市群与空间类型的交叉情况来看(见图4.7)可以发现,京津冀城市群、长三角城市群和哈长城市群的政府机关相关短视频获得的累计完整播放量最高,体现了这三个城市群中政府机关相关短视频具有相对较高的吸

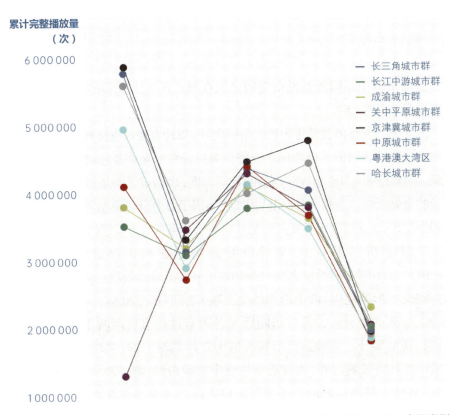

图4.7 八大城市群不同空间类型抖音短视频累计完整播放量分布

143

引力或实用价值。关中平原城市群关于政府机关的抖音短视频累计完整播放量相对最少。商业设施类空间短视频的累计完整播放量在各个城市群之间的差异并不十分明显。其中,哈长城市群的商业设施相关短视频累计完整播放量最多,而中原城市群在该指标上的数值相对较少。各个城市群之间餐饮服务类空间短视频累计完整播放量相差不大,并且均值明显高于商业设施整体上对网民的吸引力。风景名胜类空间相关短视频虽然累计播放量与其他几类空间没有显著差异,但从累计完整播放量的指标上看则显著落后其他几类空间,并且各个城市群之间的差异也不大。城市设施类空间相关短视频在累计完整播放量上各个城市群差异较大。其中,累计完整播放量最多的城市设施类短视频来自京津冀城市群和哈长城市群,而粤港澳大湾区在这一指标上尚有不少可以提高的余地。

五、累计点赞数

各城市群中不同类型城市空间之间在抖音平台上获得的累计点赞数有显著差异(见图4.8)。

除了累计完整播放量作为热度指标之外,累计点赞数也是网民对短视频以简单方式表达认可的重要指标。点赞作为抖音平台允许普通网民进行的表意实践,展现了网民对于短视频内容的赞同程度,也构成了衡量抖音热度和流量质量的重要面向。为此,研究团队用线性多因子方差分析模型考察了城市群和空间类型,以及这两个定类变量的交互项在累计点赞数上呈现出的差异情况。

统计分析结果显示,累计点赞数指标在城市群之间($F = 39.19$, $p < .01$),在不同空间类型之间($F = 203.9$, $p < .01$),以及在不同城市群的不同空间类型形象建构(两个因素的交叉项)之间($F = 20.64$, $p < .01$)都存在统计上显著的差异。方差分析随后对各因素进行事后两两比较分析发现,短视频获得累计点赞数最高的城市群为京津冀城市群,紧随其后的是长三角城市群和哈长城市群,再其后是长江中游城市群、粤港澳大湾区和成渝城市群,累计点赞数较低的是关中平原城市群。各个城市群之间的差异在统计上显著。从各种城市公共空间类型之间在累计点赞数指标上存在的系统差异看,累计点赞数最高的是关于各类政府机关的短视频内容,递减依次是

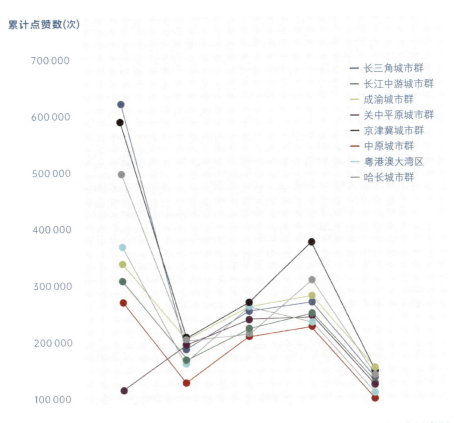

图4.8 八大城市群不同空间类型抖音短视频累计点赞数分布

城市设施、餐饮服务和商业设施类空间,最少的是风景名胜类空间短视频。各个空间类别之间在累计点赞数上存在统计上的显著差异。

系统地将各个城市群和不同类型城市空间在累计点赞数上的排名情况与前文关于累计完整播放量的分析结果相比较可以发现,各个城市群,以及各类空间最后形成的热度排名顺序与前文针对累计完整播放量的分析结果基本一致。累计完整播放量和累计点赞数上排名的一致性增强了研究团队对于结论的信心。数据显示,最有吸引力的城市群和最有吸引力的公共空间类型都具有一定的稳定性。

从城市空间类型与城市群两个因素的交叉分析结果看,累计点赞数的分布情况与累计完整播放量在不同公共空间与城市群之间的分布十分类似。长三角城市群的政府机关类空间短视频获得同类中最多的累计点赞数。商业机构类空间短视频获得的累计点赞数上,除了中原城市群比较少以外,其他几个城市群之间的数量差距不大。餐饮服务和风景名胜两类城市空间短视频获得的累计点赞数在城市群之间差异不大,数据点分布比较密集。其中,成渝城市群、长江中游城市群和京津冀城市群三个城市群围绕餐饮服务的短视频在吸引网友点赞方面都排在比较靠前的位置。与前面的发现一致,风景名胜类短视频获得的累计点赞数依旧在所有空间类型中垫底,并且各个城市群之间在这一类空间形象传播中获得的累计点赞数差距不大。此外,京津冀城市群中围绕城市设施的相关短视频在抖音平台上获得的累计点赞数远远领先其他城市群,显示出京津冀城市群中现代城市公共设施在抖音形象建构中的突出地位。

六、累计评论数

各城市群中不同类型城市空间之间在抖音平台上获得的累计评论数有显著差异。

除了短视频吸引的累计点赞数和累计完整播放量之外,就网民与短视频相互关联的紧密和深入程度而言,网民主动在短视频下留下个人评论或者参与其他网民之间就短视频内容展开的公共讨论,其行为展现出的互动性和个人涉入程度要更高。累计评论数这一热度指标还在一定程度上显示出抖音平台多大程度上能够在建构城市形象的同时,从抖音平台城市形象的建构实践出发,在其过程中营造出网民之间可以相互交往、彼此交流、共同协商市民与城市空间之间的关系,并且最终生产出市民与市民之间、市民与所在城市之间紧密关联的公共空间。

为了考察各个城市群不同类型城市空间之间,在吸引网友参与讨论并主动对短视频内容进行评论方面是否存在显著的差异,我们建立了多因子线性方差分析模型,比较不同城市群和不同类型城市空间之间的差异。统计模型分析的结果显示,抖音短视频累计评论数在城市群之间($F = 19.71$,$p < .01$),在不同空间类型之间($F = 242.11$,$p < .01$),以及在不同城市群不同空间类型形象建构之间(两个因素的交叉项 $F = 16.71$,$p < .01$)都存在统

计上的显著差异。方差分析之后,对各因素进行事后两两比较后进一步发现,就短视频累计评论数而论,京津冀城市群最为突出,哈长城市群和长三角城市群两个城市群构成了第二梯队,粤港澳大湾区、成渝城市群、长江中游城市群和中原城市群四个城市群构成了第三梯队,相对最弱的是关中平原城市群。各个城市群梯队之间的差异在统计上显著。这一统计分析发现与前文围绕累计点赞数和累计完整播放量的排名基本一致。综合而言,从短视频对于抖音平台网民的吸引力来看,京津冀城市群排第一,哈长城市群和长三角城市群两个城市群并列第二,而关中平原城市群在吸引力上还有比较大的提升空间。

各类城市公共空间中累计评论数最多的短视频为各类政府机关相关短视频,依次递减是城市设施、餐饮服务、商业设施和风景名胜类短视频。各个公共空间类别之间存在的差异具有统计上的显著性。围绕累计评论数的城市空间排名与围绕累计点赞数的排名完全一致。从整体模式上看,可以初步得出结论,各类城市公共空间中,吸引网民参与公共互动最多的是政府机关相关短视频,而单纯围绕风景名胜的观光片对于网民在点赞评论方面的吸引力相对最弱。

从城市空间类型与城市群两个因素的交叉分析结果看(见图4.9),基本趋势状况与累计点赞数的情况有一定类似。其中,就政府机关类空间和城市设施类空间的抖音建构效果而言,京津冀城市群的相关短视频吸引网友评论的能力远远领先其他城市群。京津冀城市群作为我国政治文化中心的特殊地位在抖音城市空间形象建构中彰显无疑。相比之下,关中平原城市群建构的政府机关类空间形象对于网民参与讨论的吸引力相对最弱,还有待进一步提升。商业机构类空间形象建构效果在各个城市群之间总体上差异不大。长三角城市群和粤港澳大湾区两个城市群稍微领先,而中原城市群相对落后,在抖音平台与商业设施形象建构的结合方面尚有比较大的发展余地。长三角城市群的餐饮服务类空间短视频吸引的网友评论数最多,显示出长三角城市群的抖音网民对于餐饮服务相关话题有相对比较高的讨论热情。食品餐饮成为公共生活和交往讨论的关键性"中介"。风景名胜类空间在各类空间形象建构中,吸引网民参与评论的能力最弱,并且这一点在各个城市群之间没有显著的差异。

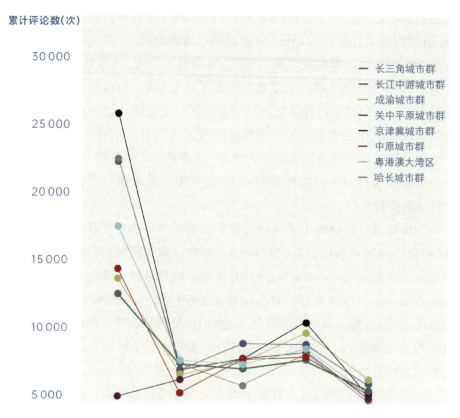

图4.9 八大城市群不同空间类型抖音短视频累计评论数分布

七、累计分享数

与累计评论数、累计点赞数和累计完整播放量等抖音传播热度指标的指向不同,网民多大程度上愿意分享转发城市形象相关短视频,很大程度上影响了城市形象在不同社交媒体平台之间被传播的广度。一条短视频在抖音平台上得到越多网民的分享,一方面意味着网民与城市形象短视频之间发生了强度更高的互动和参与传播;另一方面,考虑到抖音平台的短视频可以通过分享功能被其他平台的用户观看,所以短视频累计分享数也能够有效预测城市形象在不同的网络平台之间的流传广度和跨平台的影响力。

研究团队利用线性模型分析了累计分享数在城市群与城市空间类型之间的差异程度。统计分析结果显示，在城市群之间（$F = 6.08$，$p < .01$），在不同空间类型之间（$F = 38.35$，$p < .01$），以及在不同城市群的不同空间类型形象建构（两个因素的交叉项，$F = 3.58$，$p < .01$）之间都存在着统计上的显著差异。方差分析之后，对各因素进行事后的两两比较后进一步发现，从短视频被网民分享的热度看，在八大国家级城市群之间存在四个不同的梯队。其中，城市形象短视频最多被网民转发的是京津冀城市群，第二梯队有哈长城市群、长三角城市群和粤港澳大湾区三个城市群。成渝城市群和长江中游城市群构成网民转发的第三梯队，而中原城市群和关中平原城市群在累计分享数上相对落后于其他国家级城市群。

另外，比较不同类型城市空间之间被分享转发的次数可以发现，最多被网民在不同平台上转发的还是关于政府机关类城市空间的短视频，紧随其后的是餐饮服务和城市公共设施相关短视频。建构城市商业设施空间的短视频被分享的次数仅高于风景名胜类。与前面的发现基本一致，风景名胜类形象短视频被网友转发分享的次数排名最后，传播略显乏力。

笔者深入考察了城市群和空间类型两个因素在短视频累计分享数变量上的交互效果（见图4.10）。交互分析结果显示，京津冀城市群的政府机关类空间形象传播吸引的评论最多，但长三角城市群中围绕政府机关类公共空间的形象建构短视频在累计分享数和累计点赞数上都位居第一。换言之，比较长三角城市群和京津冀城市群围绕各级政府机关类空间的建构效果，虽然长三角城市群和京津冀城市群吸引的抖音传播热度都在所有城市群中名列前茅，但相比之下，长三角城市群更多吸引点赞转发，而京津冀城市群更多吸引网民参与围绕短视频内容的公共讨论。围绕城市政府机关类空间形象建构中抖友参与的形式不同，可以初步管窥京津冀城市群中抖友更乐于对政府机关相关短视频进行公开讨论，而长三角城市群的抖友则更倾向于点赞转发，而非直接参与公开议论，传而不述。由此大概可以看出，京津冀城市群和长三角城市群在不同的文化地理区域中，公众政治参与文化积淀和参与形态上存在的重要差异。

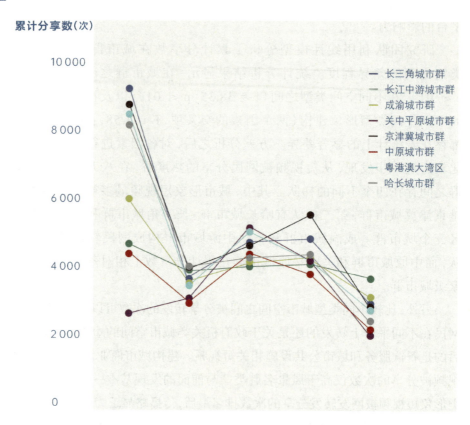

图4.10 八大城市群不同空间类型抖音短视频累计分享数分布

此外,中原城市群和关中平原城市群在商业设施相关短视频累计分享数上比较落后,而其他几个城市群都相对领先且彼此之间的差异不大。从餐饮服务相关内容被转发的数据看,粤港澳大湾区和长三角城市群排名略微领先,体现了这两个区域城市形象中与地方美食餐饮相关的面向在不同社交媒体平台之间流传的广度和影响力相对更大。而长江中游城市群虽然风景名胜类空间形象的传播广度比较领先,但城市群中各类美食餐饮类信息构成的城市形象维度在流传广度上仍然需要进一步增强。最后,京津冀城市群中与城市公共设施相关的内容流传广度和被转发次数居于所有城市群之首。京津冀城市群特有的诸多现代城市公共设施景观,成了在不同社交媒体平台之间广为流传的城市形象。

八、累计吸粉数

吸粉数作为传播效果的指标意味着当网民播放城市形象相关短视频时或者观看完成添加抖音账号后，成为账号粉丝的累计次数。当网民添加账号成为粉丝之后，便会一直接收到该账号推送的内容。与前文评论数、点赞数和完整播放量等热度指标略有不同，吸粉数更直接显示特定账号在抖音平台上产生的用户黏着力，也表现出用户对于抖音账号（而非具体某一条短视频内容）的认同和喜爱。吸粉数体现了账号本身在社群运营方面发挥出的能量，也更为直接地指向不同类型的抖音账号在平台上稳定吸引受众关注的能力。

线性方差分析结果显示，城市群（$F = 29.5, p < .01$）和城市空间类型（$F = 74.72, p < .01$）两个固定因素，以及两个因素形成的交互项目（$F = 9.13, p < .01$）都能够对短视频的累计吸粉数产生统计上显著的影响。在线性模型建立之后，对各因素进行事后两两比较后进一步发现，在短视频累计吸粉数上按照降序排列依次是京津冀城市群、哈长城市群、长三角城市群、粤港澳大湾区、成渝城市群、长江中游城市群、中原城市群和关中平原城市群。从各种空间类型在吸粉数上形成的差异看，吸粉数量最多的为餐饮服务和城市设施类的空间形象建构，随后依次递减是政府机关、商业设施和风景名胜相关的内容（见图4.11）。结合前面围绕点赞数和完整播放量等热度指标的分析可以发现，政府机关类城市空间形象获得的点赞数和完整播放量都领先其他空间，但普通网民们更多还是愿意订阅与餐饮服务和城市设施类相关的抖音账号，希望连续不断地获得围绕城市日常生活饮食的内容。抖友们对于餐饮服务等日常生活相关内容的认同方式与其对于政府官方账号发布形象短视频的参与方式表现出明显的不同。与日常在城市中的行走活动，甚至与日常饮食休闲相关的内容更能黏住用户，而非表现为在平台上短时间内吸引大量的播放和讨论。

从城市群和空间类型两个因素的交互效果来看，哈长城市群中围绕政府机关空间相关短视频累计吸粉数遥遥领先，体现了东北地区各级城市政府机关拍摄和发布的围绕城市公共服务的抖音短视频对于网民有较为明显

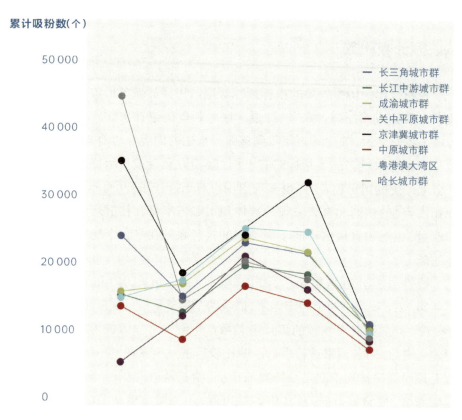

图4.11　八大城市群不同空间类型抖音短视频累计吸粉数分布

的影响力与号召力。东北地区政府机关抖音形象的建构方式,尤其是其吸引大量粉丝的方式或许值得更进一步的解析。此外,长三角城市群和京津冀城市群两个城市群与城市商业设施相关的短视频吸粉能力最为突出,一定程度上显示了两个商业比较发达的城市群各种商业企业在抖音平台账号运营和粉丝培养上的优势。相比之下,中原城市群除了政府机关相关短视频吸粉能力尚可之外,在商业设施、餐饮服务、城市设施和风景名胜等各类空间形象建构的吸粉能力上都相对落后。餐饮服务类空间相关短视频中,来自长三角城市群和京津冀城市群的内容吸引粉丝的能力最为突出。此外,同累计分享数结果一致,京津冀城市群中围绕城市公共设施的短视频吸引粉丝的能力也是最强。最后,风景名胜相关短视频总体上在各类空间类型中吸引粉丝的能力最弱,但此类空间形象的吸粉能力在各个城市群之间的差异并不明显。

九、用户年龄

如果将抖音城市形象的建构视为一种媒介实践,那么传播热度背后是大量普通网民在平台上的实践活动留下的印记。为了从实践角度理解抖音传播热度形成背后的机制和特点,本节进一步探究作为热度背后实践者的用户群体在不同的城市群和不同空间形象建构上呈现出怎样的特点。

具体而言,研究团队用线性方差分析模型系统地比较了用户年龄在不同城市群和不同空间类型之间存在的组间差异。分析发现,线性模型中包括城市群组别($F = 17.15, p < .01$)、不同空间类型($F = 270.87, p < .01$)和两个因素之间形成的交互项($F = 7.32, p < .01$)在模型中都具有统计上的显著性。根据随后进行的两两组间比较分析,我们发现,以城市设施为主要拍摄内容的抖音短视频吸引的用户群体年龄最小,随后按照用户年龄递增升序排列依次是餐饮服务、商业设施、风景名胜和政府机关类空间形象短视频。不同类型城市空间之间在用户年龄上的差异都具有统计上的显著性。

进一步观察城市群和不同空间类型的交叉项产生的数据分布,我们发现,政府机关类空间形象建构吸引的用户平均年龄最高。其中,粤港澳大湾区中关注政府机关空间类型的网民年龄相比其他城市群要明显低些。或许可以认为,粤港澳大湾区政府政务账号在抖音上的形象建构实践(乃至其使用的语言文本)与青年网民群体既有的文化预期更加契合。另外,虽然城市设施相关的形象建构吸引的用户相比其他空间类型短视频而言,总体上用户平均年龄最低,但考察不同城市群在这一类空间建构实践中的特征可以发现,东北地区的哈长城市群围绕城市公共设施形象在抖音平台上吸引的用户年龄构成最低(比总量平均年龄最低的成渝城市群和粤港澳大湾区两个城市群还要低)。从图4.12看,哈长城市群围绕城市设施的用户年龄是所有折线中最低的低谷。哈长城市群中包括公共交通、公共文化

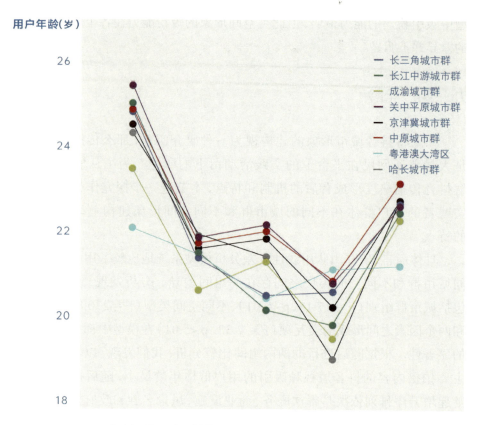

图4.12 八大城市群不同空间类型抖音短视频吸引用户年龄分布

场所等各类城市设施在内的形象建构，吸引了最为年轻的网民群体。风景名胜类城市空间形象在抖音平台上吸引的用户年龄相对较大，略低于政府机关类空间（其中，长江中游城市群略显例外，当地风景名胜吸引的用户相对年轻）。结合前文关于风景名胜类城市空间在抖音平台上的热度分布，总体上可以认为，风景名胜类空间形象在抖音平台上的热度有待提高，而吸引的用户也相对比较年长。最后，餐饮服务类空间形象建构所吸引的网友年龄差异在各个城市群之间也比较显著。其中，吸引网民年龄最低的餐饮服务类空间形象来自粤港澳大湾区，紧随其后的是长三角城市群和长江中游城市群。餐饮服务类空间吸引用户年龄最高的是关中平原城市群和中原城市群。

十、小结

总体看来,短视频对于抖音平台网民的吸引力综合而言,京津冀城市群排第一,哈长城市群和长三角城市群两个城市群并列第二,而关中平原城市群的短视频在吸引力上还有比较大的提升空间。

无论是从抖音短视频累计完整播放量还是从累计点赞数、累计分享数、累计评论数和累计吸粉数的指标来看,政府机关已经成为抖音短视频平台上对网民吸引力最高的一类城市空间影像类型(见表4.2)。虽然长三角城市群和京津冀城市群等不同城市群中,抖友参与城市政府机关形象建构的具体方式有所不同,但各个城市群中的政府机关相关短视频相比其他公共空间类型受到更多网友的关注,进而引发更多的公众参与。政府机关账号发布的城市形象已经发展成为抖音平台上城市形象建构过程中最为重要的元素之一。与此紧密相关,在各类城市空间类型中,风景名胜反而在各项吸引力热度指标上都名列末位。数据显示,单纯依靠城市自身拥有的风景名胜和自然风光,拍摄观光类短视频在抖音平台上的影响力并不会很大。反过来说,如何借鉴其他空间的拍摄实践和参与互动方式,有效提高风景名胜类空间的平台吸引力理应成为重要的话题。

唯一例外的发现是,餐饮服务类城市空间相关短视频展现出比较高的吸引粉丝的能力。分析结果表明,餐饮和围绕城市各种公共设施的短视频相比其他城市空间形象,其吸粉能力更强。究其缘故,或许可以认为,城市公共设施和餐饮服务类城市空间与网民日常生活惯常的实践更为贴近,更容易与网民日常生活发生实际的互动关系。与日常生活实践接近的活动和空间形象,虽然未必吸引最多点赞数、播放量和评论数等,但网友更愿意成为发布该类内容的账号的粉丝,平时能够持续地收到关于公共设施和餐饮美食方面的资讯。或许可以认为,与城市日常生活的贴近度可以影响抖音城市形象短视频的吸粉能力。

各类商业设施在抖音平台上的形象建构,其产生的吸引力(包括点赞数、完整播放量、评论数、分享数和吸粉数等多种指标)仅仅高于风景名胜类空间。总体上,商业设施空间形象的热度在各类城市空间类型中表现并不突出。考虑到前文相关的数据分析显示,各类官方账号(包括政府机关账号和商业设施账号)已经成为抖音账号标签中最为显著的构成部分。研究可以结合两部分的数据分析结果初步推论,商业设施在抖音平台上虽然已经成为比较重要的内容生产主体,但其发布的与城市商业空间相关的短视频在抖音网民中吸引关注和参与的能力仍然有比较大的提升余地。

表4.2 各类空间热度指标排序

热度指标	各 类 空 间 排 名
累计完整播放量	政府机关＞餐饮服务＞城市设施＞商业设施＞风景名胜
累计点赞数	政府机关＞城市设施＞餐饮服务＞商业设施＞风景名胜
累计评论数	政府机关＞城市设施＞餐饮服务＞商业设施＞风景名胜
累计分享数	政府机关＞餐饮服务＞城市设施＞商业设施＞风景名胜
累计吸粉数	餐饮服务、城市设施＞政府机关＞商业设施＞风景名胜

从空间类型与城市群之间的交互项情况看(见表4.3),在城市设施类空间形象的建构方面,京津冀城市群比较明显地在各项吸引力热度指标上都普遍领先其他各个城市群。而中原城市群在城市设施类空间建构方面所获得的网友参与和关注需要进一步提升,城市公共设施在融入市民个人生活叙事之后或可焕发出更大的传播能量。从吸引关注能力最强的政府机关类空间看,长三角城市群和京津冀城市群两个城市群发布的短视频比较全面地领先其他城市群(除了在吸粉能力上略逊于哈长城市群)。关中平原城市群发布的政府机关类空间短视频在吸引网民参与和关注度上普遍较弱,尚有较大的提升空间。从餐饮服务类空间短视频传播情况看,粤港澳大湾区的美食类相关内容无论是点赞数、分享数还是吸粉数都名列前茅。港澳和广东地区特色的餐饮文化在抖音平台上具有比较明显的吸引力。就商业设施而言,数据显示,中原城市群的商业设施相关短视频吸引力相对较弱,而粤港澳大湾区、长三角城市群和京津冀城市群等地在不同的指标中各有领先:京津冀城市群和长三角城市群商业设施相关内容更多吸引点赞和粉丝,而粤港澳大湾区围绕商业设施的短视频内容则更多激发网民参与相关话题的讨论。

表 4.3　八大城市群不同空间类型热度指标排名

热度指标	空间类型各城市群排名情况				
	政府机关	餐饮服务	商业设施	城市设施	风景名胜
累计完整播放量	京津冀城市群、长三角城市群和哈长城市群最高，关中平原城市群最低	长三角城市群、中原城市群和京津冀城市群高，长江中游城市群最低	哈长城市群最高，中原城市群最低	京津冀城市群最高，粤港澳大湾区较低	各城市群差异不大
累计点赞数	长三角城市群、京津冀城市群最高，关中平原城市群较低	京津冀城市群、粤港澳大湾区较高，中原城市群较低	长三角城市群、京津冀城市群最高，中原城市群较低	京津冀城市群最高，中原城市群较低	京津冀城市群最高，中原城市群较低
累计评论数	京津冀城市群、长三角城市群最高，关中平原城市群最低	长三角城市群最高，哈长城市群最低	粤港澳大湾区较高，中原城市群较低	京津冀城市群最高，中原城市群较低	京津冀城市群相对高，其他差异不大
累计分享数	长三角城市群、粤港澳大湾区较高，关中平原城市群较低	粤港澳大湾区较高，长江中游城市群较低	中原城市群和关中平原城市群较低，其他差异不大	京津冀城市群最高，中原城市群较低	长江中游城市群略高，中原城市群和关中平原城市群略低
累计吸粉数	哈长城市群领先，关中平原城市群较低	粤港澳大湾区较高，中原城市群较低	京津冀城市群最高，中原城市群较低	京津冀城市群最高，中原城市群较低	各城市群差异不大

第三节　城市空间建构的最佳实践

本节将结合前面章节中围绕抖音短视频相关媒介实践的讨论（包括拍摄实践过程中的身体涉入、线上线下之间的虚实穿梭、城市形象建构过程中的参与互动三个不同的抖音实践面向），进一步探讨抖音城市空间建构的最佳实践方式。研究团队先采用OLS线性回归的数据模型，细致地描绘政府机关、城市设施、餐饮服务和风景名胜等各类城市空间在形象建构过程中，哪些抖音媒介实践的面向比较显著地影响抖音城市空间形象传播的热度和广度。随后，根据线性回归模型中发现的因素，我们进而将传播广度较高的城市空间形象与传播热度相对较低的城市空间形象进行分组比较。进行组间比较的目的是为了能够通过分析，指出抖音城市空间形象建构在实践方面分别具有哪些更为具体的特点（比如某类空间建构中最佳的时间长度、作者年龄等数值）。相比低传播热度的短视频组，高热度城市空间形象建构的实践为笔者在本节随后提出各类抖音城市空间建构的最佳实践奠定了基础。

我们将基于前文研究发现各类抖音传播热度指标之间的显著的相关关系，利用探索性因子分析（exploratory factor analysis）的方法，为所有短视频建立几个不同维度的传播热度和传播广度指数。之所以选择建立复合指数直接利用原始数据既有的变量，主要是考虑到多个传播效果变量之间在数据分布上的相似性与元数据热度指标之间高度的统计相关性。建立更为复合的热度指数能够更有效地减少分析结果中信息的冗余。相比更为分散的数据变量，因子分析形成的维度也更有利于提高分析结果的可解释度。据此，我们根据传播热度指数在数值上的排序，将所有数据分为高热度、中热度和低热度三个不同的组别，留待后文开展组间比较。进入正式的数据统计分析部分后，笔者先利用多元线性回归方法探究各种不同类型城市空间形象传播的热度和广度指数分别受哪些传播实践的影响。根据传播热度效果模型得出的分析结果，我们进一步比较高热度和低热度两组子样本在特定媒介实践变量上的差异，并且结合分析结果得出抖音平台城市公共空间形象建构的最佳实践。

一、抖音传播热度指数及分组

为了增强分析的效率和分析结果的可解释性，我们将累计播放量、累计点赞数、累计评论数、累计分享数、累计下载数等指向抖音短视频传播热度效果的各类指标,通过建立探索性因子分析模型,将其缩减为两个相对独立的传播热度维度。

探索性因子分析模型整体上解释了各个变量之间超过67%的共同变异度(variance),经过对因子分析模型进行Varimax的正交因子旋转,一共从所有变量中抽取出eigenvalue指数超过1的两个不同的因子。其中,第一个因子主要包括累计点赞数、累计完整播放量、累计评论数和累计吸粉数等指向抖音平台上传播热度的指标变量(在因子结构中,这些变量的因子负荷都高于.65,符合一般探索性因子分析对结果的惯常要求)。在因子负荷结构中浮现出来的第二个因子包括累计分享数和累计下载数两个变量。从总体上看,第一个因子解释了所有变量中大约51.46%的变异度,构成了热度指标最重要的维度。第二个因子则解释了所有变量中15.55%的变异度。

根据因子分析的结果(见表4.4),累计播放量在两个因子上的因子负荷无法被清晰地归入由两个因子构成的结构。换言之,累计播放量在指向传播热度和广度上与其他指标之间未能形成统一的因子聚集,故需要放在两个因子之外另做分析。

表4.4 经旋转后的因子负荷矩阵

指标	因子1:传播热度	因子2:传播广度
累计点赞数	.87	
累计完整播放量	.84	
累计评论数	.74	
累计吸粉数	.65	
累计播放量	.02	.01
累计分享数		.97
累计下载数		.96

根据每个因子包含变量的具体特点,第一个热度因子更多牵涉到短视频在抖音平台上在网民中获得的传播热度,故笔者将第一个因子命名为"热度"。而第二个因子则更多牵涉到网民对短视频的跨平台转发和下载行为。

被用户下载之后的短视频可以被再度分享上传到除了抖音以外的其他媒体平台,也可以被个人留存反复观看。转发分享是短视频在微信、微博、抖音等不同社交媒体平台之间的跨平台流动,因此,研究团队将第二个因子命名为"广度"。相比传播热度维度,传播广度维度更多指向抖音短视频发生跨平台传播的流动范围。

随后,笔者将广度和热度两个因子分别通过加总平均的方法,建立各自的指标量表,并且将量表取值标准化后留待进一步分析。平台传播热度指标的信度 alpha 系数为 .849,而平台传播广度指标的信度 alpha 系数为 .96,全部符合数据统计对于量化指标内部一致性(internal consistency)的要求。为了避免热度和广度两个量表中存在的极端值(outliers)对多元数据分析结果的影响,笔者考察了这一变量的数据分布状况。根据数据描述分析的结果,笔者决定将平台传播热度高于 43 066 759 的极端值、跨平台传播广度高于 878 207 的极端值作为极值删除后再进行统计分析。

随后,为了区分高低传播热度和高低传播广度的短视频在媒介实践上表现出来的具体特征,以便更好地刻画出抖音平台城市形象建构最佳实践的具体赋值,研究团队对热度和广度两个指标的数据分布做了系统分析,找出 25 百分位数和 75 百分位数。以这两个百分位数为标准,我们将样本总体分为热度和广度占比前 25% 的高热度组、占比后 25% 的低热度组和占比中间 50% 的中间热度组。笔者将着重比较高热(广)度、中热(广)度和低热(广)度三组不同城市形象短视频分别在媒介实践上呈现出怎样更为具体的特征。

二、政府机关类空间形象建构的最佳实践

机构账号、相对年轻作者(M = 28.67 岁)发布、视频时间较长(M = 25.35 秒)、包含作者原创背景音乐的短视频在数字平台之间的传播范围更广。

由机构账号发布、相对中等长度(M = 21.42 秒)、相对年轻(M = 28.8 岁)男性作者创作的、非自拍、采用用户原创音乐的政府机关形象短视频更容易获得平台热度。

在对样本数据进行清理(删除部分数据极端值,对缺失数据进行随机性

分析整理，并且删除了一些明显违背常识的数据记录等）之后，研究团队围绕抖音空间形象建构实践背后牵涉到的身体涉入、打标签、时间选择和作者特征等相关的维度，进行更进一步的多变量统计模型分析。具体而言，笔者将标准化之后的传播热度和传播广度指标作为因变量，将以上提及的多类实践维度作为自变量，利用OLS线性多元回归模型系统探究抖音实践对于城市政府机关形象传播效果的影响。

首先，笔者以政府机关类空间形象短视频的跨平台传播广度为因变量，采用stepwise（考虑到自变量之间存在不少信息冗余，故采用此方法进行回归分析，以求将模型对因变量变异的解释力度最大化）的线性回归分析流程建立了回归模型。针对政府机关类空间形象跨平台广度的回归模型整体上具有统计上的显著性（R^2 = .072, p < .01, VIF < 10）。笔者发现，在控制其他影响因素之后，按照对因变量发挥作用大小从高到低排列，短视频的长度（Beta = .20, p < .01）、短视频发布账号属性（Beta = .16, p < .01）、短视频作者年龄（Beta = −.06, p < .01）和背景音乐的类型（Beta = .06, p < .01）四个变量能够比较有效地预测政府机关类空间形象短视频跨平台的传播广度。具体而言，短视频长度较长、由各级城市政府机关形象短视频机构账号发布的、略年轻作者制作的、包含作者原创背景音乐的短视频在数字平台上传播的范围相对更广。根据对高传播广度和低传播广度组之间的系统比较，跨平台传播广度最高的短视频长度一般在25.35秒左右，显著地比传播广度中（M = 21.01秒）或广度低（M = 13.96秒）组别的短视频要长。

随后，笔者将政府机关类空间形象短视频在抖音平台内部的传播热度指标作为因变量，采用与上文类似的分析策略进行考察。线性回归模型分析发现，模型整体上具有统计上的显著性（R^2 = .05, p < .01, VIF < 10）。笔者发现，在控制其他因素之后，按其对因变量影响力大小依次是账号属性（Beta = .13, p < .01）、短视频长度（Beta = .12, p < .01）、作者年龄（Beta = −.07, p < .01）、是否为自拍（Beta = −.09, p < .01）、作者性别（Beta = .09, p < .01）和背景音乐的类型（Beta = .05, p < .01）等一系列相关因素能够比较有效地预测政府机关类空间形象短视频的传播热度。根据数据分析的结果，相比而言，由机构作者发布（而非个人网民），相对较长的，由相对年轻

的、男性作者创作的、非自拍,并且采用用户原创音乐的政府机关类空间形象短视频更容易获得在抖音平台上的热度。可以推论,在建构城市政府机关类空间形象过程中,生产发布信息量更大的他者观看成为吸引网民的关键。而在抖音平台上十分热门的自拍实践在建构城市政府机关公共空间形象中,与该空间类型在网民中固有的符号和认知积淀之间未必产生高度的呼应。

考虑到多元统计分析发现短视频作者年龄、短视频长度特征和背景音乐能够比较有效地影响视频内容的传播广度与热度,笔者将更细致地分析热度和广度最高的短视频子样本在作者构成、实践的时间特征和音乐选择等方面的特点,以求更精确地描绘出抖音政府机关形象建构的最佳实践。

1. 最热短视频的作者画像

传播广度和传播热度最高的政府机关形象短视频中,更大比例是由男性作者生产发布的。政府机关类空间形象传播跨平台广度最大的作者,其平均年龄显著低于跨平台传播广度中度和低度的短视频内容(M = 29.5岁),作者年龄均值是28.67岁。

为了对最热短视频的作者画像有个系统了解,笔者首先比较了传播广度和传播热度两个指标三组样本之间在作者特征(包括性别、年龄、平台注册时间等因素)上的系统差异。线性方差分析结果显示,政府机关类空间短视频作者年龄在不同的传播热度(F = 33.43, p < .01)和传播广度(F = 841.8, p < .01)的子样本之间存在统计上的显著差异。进一步事后的两两比较的结果显示,传播广度最高的短视频的时间长度一般在25.35秒左右,显著地比传播广度中(M = 21.01秒)或广度低(M = 13.96秒)组别的同类短视频要长。同时,对抖音短视频作者年龄的分析显示,政府机关类空间形象传播广度最大的作者,其平均年龄显著低于中度和低度传播广度的短视频(M = 29.5岁),其年龄均值是28.67岁。

我们进而考察抖音传播热度高低不同的组别之间,抖音短视频作者的年龄差别。笔者发现,传播热度最高的短视频组中,作者平均年龄(M = 28.8岁)显著地低于传播热度中等(M = 29.14岁)和传播热度最低(M = 29.47

岁)的组别。最高传播热度组别和中传播热度或低传播热度组别之间,在作者年龄变量上的差异具有统计上的显著性。

从短视频作者的性别比例来说,交叉列联表分析发现,在建构城市政府机关公共形象的实践中,传播广度(Chi2 = 1 837.1, p < .01)和传播热度(Chi2 = 1 872.4, p < .01)最高的政府形象短视频中,更大比例是由男性作者生产并发布(见表4.5、表4.6)。

表4.5 作者性别与传播热度的交叉列联

单位:人

作者性别		女 性	男 性
传播热度	低	2 453	2 242
	中	269	974
	高	446	1 560
总 计		3 168	4 776

表4.6 作者性别与传播广度的交叉列联

单位:人

作者性别		女 性	男 性
传播广度	低	2 444	2 226
	中	328	1 175
	高	396	1 375
总 计		3 168	4 776

政府机关类空间形象短视频作者究竟是认证机构(政府或企业)还是经认证的个人用户,并不会显著地影响短视频属于高传播热(广)度还是中低传播热(广)度。换言之,按照目前研究掌握的数据,各类认证的政府机关是抖音平台城市政府形象最为重要的制作发布者(57.4%的相关内容由经认证的各级政府机关发布),不同类型制作者发布的短视频在传播广度和热度上并未出现系统的差异,但由机构账号创作发布的短视频内容在跨平台传播上表现出来的流通广度相对更高。

2. 短视频拍摄时间设置的最佳实践

(1) 短视频长度

跨平台传播广度最高的短视频长度一般在25.35秒左右,显著地比传播广度中(M = 21.01秒)或广度低(M = 13.96秒)组别的要更长。不同组别之间的差异具有统计上的显著性。抖音平台最高传播热度的短视频,一般时间长度适中(M = 21.42秒)。

笔者运用线性方差分析方法,系统地比较政府机关类空间形象相关短视频的时间长度在不同传播热度和传播广度组别间的差异。研究发现,在线性模型中,传播热度($F = 7.14, df = 2, p < .01$)和传播广度($F = 14.27, df = 2, p < .01$)这两个因素都能够对短视频时间长度产生统计上显著的主效应(main effect)。换言之,政府机关相关短视频长度在不同的热度和广度组别之间存在差异。

进一步事后的两两比较分析显示,传播热度低中高三组和传播广度低中高三组之间都有统计上显著的不同(见表4.7)。具体而言,在各个平台之间传播广度最高的短视频,其长度均值为25.35秒,而传播广度最低的短视频,其长度显著更短(均值 = 13.96秒)。可以认为,时间较长、信息量更大的围绕政府机关的短视频,更容易被广大网友下载或分享到不同的媒介平台。

表4.7　Post Hoc检验短视频长度在传播广度上的组间差异

	传播广度	频次	视频长度均值分组		
			1	2	3
Student-Newman-Keuls	低	4 914	13.964 4		
	中	2 213		21.014 8	
	高	2 535			25.351 3

进一步利用事后两两比较的分析方法,探究抖音平台传播热度最高的政府机关类空间形象短视频,相比传播热度中低短视频在视频时间长度上的特征(见表4.8)可以发现,传播热度最高的政府机关类空间形象短视频,

其时间长度大多在低热度与中热度组别之间，平均值达到21.42秒。从数据来看，若围绕城市政府机关类空间的短视频拍摄时间继续延长，也将在一定程度上降低相关内容在抖音平台上的传播热度。

表4.8　Post Hoc检验短视频长度在传播热度上的组间差异

	传播热度	频次	视频长度均值分组		
			1	2	3
Student-Newman-Keulsa,b,c	低	4 931	14.111 9		
	高	2 905		21.422 9	
	中	1 826			26.053 1
	Sig.		1.000	1.000	1.000

（2）短视频发布时间

我们系统比较了政府机关类空间形象短视频在平台上的发布时间在传播热度与传播广度不同的组别之间是否存在不同。方差分析结果显示，抖音实践者在一天中什么时间发布与政府机关相关的短视频并不会系统地影响短视频的传播热度（F = .10, p = .08）和传播广度（F = .476, p = .09）。

（3）作者注册时间长度

我们探究了政府机关类空间形象短视频作者注册天数在传播热度和传播广度不同的组别之间是否存在系统的差异。方差分析结果显示，短视频作者在抖音平台上注册天数的长短并不会系统地影响短视频的传播热度和传播广度。对于平台更为熟悉的抖音网友发布的围绕政府机关类空间的内容，并不必然比比较新的用户发布的内容更热门。

3. 打标签的最佳实践

根据对城市政府机关类公共空间的抖音建构数据的分析，笔者对于传播过程中高中低三组传播热度和传播广度的短视频，其体现出的打标签实践特征做了分析。

(1) 风险提示标签

交叉列联表（见表4.9）显示，传播广度不同的三组围绕城市政府机关类空间的短视频中，就其是否带有风险提示标签而言，存在显著差异（皮尔逊Chi2 = 11.88，p < .01）。相比较而言，传播广度最高的政府机关短视频中，带有风险提示标签的比例更高。

表4.9 风险提示与传播广度的交叉列联

单位：条

		风险提示		总　计
		否	是	
传播广度	低	4 909	5	4 914
	中	2 210	3	2 213
	高	2 523	12	2 535
总　计		9 642	20	9 662

笔者还比较了不同传播热度的政府机关相关短视频在风险提示标签上的差异。比较发现（见表4.10），传播热度较高的政府机关相关短视频带有风险提示的比例显著更高（皮尔逊Chi2 = 11.64，p < .01）。抖音平台传播热度和传播广度最高的短视频更频繁地带有风险提示标签。换言之，那些包含高风险动作（主要包含特技、危险动作等不易模仿的内容）的政府机关形象短视频更容易在平台或者平台间获得传播热度。

表4.10 风险提示与传播热度的交叉列联

单位：条

		风险提示		总　计
		否	是	
传播热度	低	4 926	5	4 931
	中	1 824	2	1 826
	高	2 892	13	2 905
总　计		9 642	20	9 662

（2）下沉标签

为短视频打上下沉标签的实践在不同传播广度和传播热度组别之间是否存在系统的差异呢？研究发现，在高传播广度的短视频组内出现下沉标签的频率，要显著地少于中等传播广度或者高传播广度的短视频（见表4.11、表4.12）。这种差异具有统计上的显著性（皮尔逊Chi2 = 32.46，$p<.01$）。换言之，被打上下沉标签的政府机关类短视频，其传播广度相对更低。

表4.11 下沉标签与传播广度的交叉列联

单位：条

		下沉标签		总　计
		否	是	
传播广度	低	4 791	123	4 914
	中	2 185	28	2 213
	高	2 515	20	2 535
总　计		9 491	171	9 662

表4.12 下沉标签与传播热度的交叉列联

单位：条

		下沉标签		总　计
		否	是	
传播热度	低	4 807	124	4 931
	中	1 809	17	1 826
	高	2 875	30	2 905
总　计		9 491	171	9 662

比较传播热度指数不同的三组政府机关类空间形象短视频之间在下沉标签使用上的差异可以发现，在平台传播热度最高的短视频中，出现下沉标签的频率显著地低于其他两组（皮尔逊Chi2 = 32.2，$p<.01$）。结合起来看，传播热度和传播广度最高的政府机关类抖音短视频中出现

下沉标签的频率更低。在政府机关类空间形象中加入带有乡村特色的音乐或者图像元素,有可能降低该类短视频在普通网民间的传播热度和传播广度。

4. 身体涉入的最佳实践

(1)滤镜使用

探究政府机关类城市空间形象短视频的传播热度(Chi2 = 19.71, p<.01)、传播广度(Chi2 = 16.09, p<.01)与滤镜使用之间的系统关联,笔者发现,以上两者之间都存在统计上显著的相关性。传播广度和传播热度不同的短视频在滤镜应用实践上也会呈现出明显不同的情形。

具体考察表4.13的数据可以发现,虽然高传播广度和低传播广度的子样本中,都是不使用滤镜的短视频占更大比例,但是这种差异在高传播广度的子样本中相比低传播广度子样本更小。相比使用滤镜的短视频,低传播广度的短视频中不使用滤镜的内容的比例要比高传播广度短视频更高。相比低传播广度的短视频样本,高传播广度的短视频作者在拍摄实践中更有可能使用各种平台提供的数字滤镜。

表4.13 滤镜使用与传播广度的交叉列联

单位:条

滤镜使用		传播广度			总计
		低	中	高	
	不用	3 653	1 722	1 973	7 348
	用	1 261	491	562	2 314
总 计		4 914	2 213	2 535	9 662

表4.14中数据显示,虽然高传播热度和低传播热度的子样本中,都是不使用滤镜的短视频占更大的比例,但是,这种差异在高传播热度的子样本中相比低传播热度子样本更小。相比使用滤镜的短视频,低传播热度的短视频中,不使用滤镜的比例要比高传播热度中更高。换言之,相比低传播热度的短视频,高传播热度短视频作者在拍摄政府机关类空间形象的实践中更倾向于使用平台提供的各种创意滤镜。

表4.14 滤镜使用与传播热度的交叉列联

单位：条

滤镜使用		传播热度			总计
		低	中	高	
滤镜使用	不用	3 657	1 427	2 264	7 348
	用	1 274	399	641	2 314
总 计		4 931	1 826	2 905	9 662

（2）美颜效果应用

我们考察了传播广度（Chi2 = 20.35, p < .01）和传播热度（Chi2 = 21.56, p < .01）不同的组别在美颜效果应用方面的最佳实践。数据分析结果显示，传播热度和传播广度不同的政府机关类短视频组别之间，在美颜效果的应用实践上存在统计上的显著差异。

具体观察数据分布的情况可以发现，仍旧是传播广度最低的子样本中，不使用美颜效果的比例超出使用美颜效果的比例最多。而在传播广度最高的子样本中，使用美颜效果和不使用美颜效果的比例差异略小。与此类似，传播热度最低的子样本中，不使用美颜效果的比例超出使用美颜效果的比例最多。而在传播热度最高的子样本中，使用美颜效果和不使用美颜效果的比例差异略小。

（3）背景音乐

根据数据分析结果，政府机关形象短视频中是否使用背景音乐，与短视频的传播热度和传播广度之间并不存在统计上显著的关联。音乐的来源（用户原创音乐还是平台提供音乐），则在传播热度（Chi2 = 395.3, p < .01）和传播广度（Chi2 = 404.9, p < .01）不同的组别之间存在系统的差异。综合来看，在政府机关形象建构过程中仅仅使用背景音乐并不能有效提高短视频的传播效果，但通过原创音乐相关的一系列体现个人主体创造性的媒介实践，却可以有效改变个人网民与政府之间原有的关系，帮助个人网民在抖音平台的基础上与政府产生关联，并且切实提高短视频的传播热度和传播广度。

三、商业设施类空间形象建构的最佳实践

采用自拍方式、时间长度略长（M = 18.59秒）的商业设施类空间短视

频，更可能获得比较高的跨平台传播广度。

由相对年轻(27岁)的拍摄作者发布，被运营打上下沉标签的商业设施类空间短视频更容易在抖音平台上获得较高的传播热度。相比不包含挑战的商业设施类空间短视频，带有挑战话题反而会略微降低商业设施类空间短视频在抖音平台上的传播热度。

笔者将所有涉及城市各种商业设施类空间形象短视频在抖音平台上的传播热度和跨平台传播广度作为线性模型预测的因变量，采用与前文类似的策略进行多元线性回归分析。

统计分析结果显示，以传播广度为因变量的模型整体上具有显著性($R^2 = .02$, $p < .01$, VIF < 10)。控制其他影响因素之后，商业设施类空间短视频在不同平台间的传播广度显著地受到短视频长度(Beta = .11, $p < .01$)和短视频是否采用自拍形式(Beta = .06, $p < .01$)这两个变量的正面影响。采用自拍形式且时间长度略长的商业设施类短视频更可能获得比较高的跨平台传播广度。为更具体地描绘出商业设施类短视频的最佳长度，笔者比较了商业设施类短视频在不同传播广度高低组别之间的平均视频长度。方差分析比较各组差异后发现，相对中传播广度和低传播广度的短视频，具有最高传播广度的商业设施类短视频的时间长度最长，平均长度达到18.59秒(中传播广度的短视频长度均值为15.6秒，传播广度最低组的短视频平均时间长度为12.7秒)。据此可以认为，在建构商业设施类空间的抖音形象过程中，普通消费者作为拍摄者自己入镜进行现身说法，并且其叙事包含更为充分翔实信息的短视频更为其他网民看重，更多被转发下载作为在城市中进行商业消费决策的参考。

将商业设施类短视频在抖音平台上的传播热度作为因变量重新建立线性回归模型可以发现，模型依旧整体上具有统计上的显著性($R^2 = .03$, $p < .01$)。进一步查看模型中标准化的Beta回归系数则可以发现，商业设施类短视频在抖音平台上的传播热度能够显著地受到运营团队是否给内容打上下沉标签(Beta = .12, $p < .01$)、是否包含挑战话题(Beta = −.08, $p < .01$)和短视频作者年龄(Beta = −.05, $p < .01$)三个相关因素的显著影响。具体来看，由相对年轻(27.08岁)的作者制作并发布、带有下沉标签的商业设施类短视频更容易在抖音平台上获得比较高的传播热度。更进一步针对短视

频作者年龄做线性方差分析发现，商业设施类短视频中最低传播热度的内容，其短视频作者年龄构成相对最大（M = 28.4岁）。最高热度短视频作者的平均年龄相对较低，为27.08岁，显著低于中等和最低热度组的同类短视频。相比没有包含挑战话题的商业设施类短视频，带有挑战反而会稍微降低商业设施类短视频的传播热度。

依据以上分析发现，大体可以推论，在抖音平台建构和传播商业设施类空间形象时，年轻作者提供的更加符合年轻群体语言表达风格和视觉叙事偏好的短视频更大程度上能够吸引普通网民的关注。商业设施类地点如何积极利用抖音提供的多种传播可能性，通过鼓励年轻人参与形象建构将自身年轻化，成为吸引流量的关键所在。根据对抖音运营团队进行访谈的发现，被运营团队打上下沉标签的内容一般比较多带有乡村特色元素（包括乡村化的场景、人物、行为方式、背景音乐等要素）。本节形成的研究发现意味着在商业设施类空间形象建构中适度加入带有乡村特征的元素，或许在一定程度上能够满足城市抖友对于乡村生活的好奇和浪漫的田园想象。在类似短视频分享平台上，乡村类题材内容和任务展现出来巨大的"带货"能力已经从另一个角度交叉印证了相关发现：带有乡村元素的商业设施类空间形象建构或许能够在抖音平台上吸引大量城市人的"凝视"（the urban gaze），有效地提高相关短视频吸引的关注和流量。考虑到农村巨大的人口，以及随着经济整体发展农村人口越来越巨大的消费能力，带有下沉标签的内容也可能吸引大量农村网民形成巨大的抖音流量。最后，挑战话题作为抖音平台提供给普通网民的互动形态，一直以来被认为是可以有效提高短视频网络热点的途径。但可能由于网民在参与挑战话题过程中本身已经投入比较多的认知能量，表现出较高的个人涉入，参与挑战的行为通过转移网民有限的注意力，可能反而会减少用户对短视频内容本身进行点赞、评论、完整播放等活动的频率。

四、餐饮服务类空间形象建构的最佳实践

对于餐饮服务类空间形象短视频而言，由男性作者拍摄的、不包含挑战话题、采用抖音平台提供的背景音乐、视频长度略长（M = 22.6秒）的内容更容易获得比较高的跨平台传播广度。

不带挑战的、相对较短的（M = 18秒）、男性用户创作的、带有下沉标签的、含有自拍成分、带风险提示标签的内容更容易获得抖音平台上更多网民的传播热度。

笔者将所有涉及餐饮服务类短视频在平台之间的传播广度作为因变量，采用与前文类似的策略进行多元线性回归分析。线性回归模型整体上具有统计上的显著性（R^2 = .02，p < .01）。分析结果显示，控制其他影响因素之后，餐饮服务类短视频在不同社交媒体平台间的传播广度显著地受到短视频作者性别（Beta = .06，p < .01）、是否包含挑战话题（Beta = -.05，p < .01）、短视频的长度（Beta = .05，p < .01）和短视频包含背景音乐的类型（Beta = -.05，p < .01）四个变量的影响。

针对短视频时间长度进一步的线性方差分析显示，最低传播广度组内的短视频相对长度也最短（M = 16.7秒），而中传播广度和高传播广度的短视频的时间长度则没有显著差异，但相比低传播广度组的短视频显著更长（M = 22.6秒）。其中尤其显得有趣的是，抖音平台的背景音乐能够更好地给普通网民较为熟悉的餐饮服务类空间打上抖音特有的音乐标签，让熟悉的空间抖动起来。带有抖音特定标签音乐的餐饮服务类空间形象在不同社交媒体平台之间更容易发生快速的流动，让城市中的餐饮服务类空间借由抖音特殊的文化符号焕发出新的空间活力。与前文围绕政府机关类空间形象建构最佳实践的研究发现形成鲜明对照，可以推论，在建构线下具有较高权威性和排他性的政府机关类空间时，原创音乐成为普通网民展现主体能动性，借由抖音提供的技术和社会符号资源与政府机关建立新型关系的途径。越是原创的音乐作为背景与权威的空间类型结合，越能创造出一种新奇的对比体验，抖音平台上获取的热度越高。恰恰是抖音平台制作提供的能够充分体现抖音自身传播文化特点的PGC音乐，能够帮助网民将大家在日常生活中与自身距离更接近的餐饮服务类空间打上抖音特有的声音标签。通过将更为熟悉的城市空间借助平台音乐抖音化，一方面在跨平台传播时突出了抖音城市空间的特点；另一方面，多少增加了短视频用户体验上的新奇度，提高了内容在不同平台间的流通性。

将餐饮服务类短视频在抖音平台内部吸引的传播热度作为线性模型的因变量，由此形成的线性回归模型整体上依旧具有统计上的显著性

($R^2 = .07, p < .01$)。进一步对数据分析形成回归系数进行深入考察可以发现，餐饮服务类短视频的传播热度显著地受到抖音短视频是否带有各种挑战话题（Beta = −.17, p < .01）、短视频长度（Beta = −.11, p < .01）、作者性别（Beta = .08, p < .01）、是否带有下沉标签（Beta = .05, p < .01）、是否为自拍（Beta = .04, p < .01）和是否带风险提示（Beta = .04, p < .01）等一系列相关因素影响。为了更具体地点明在获取传播热度方面表现最佳的短视频长度值，我们进一步对不同热度组别的短视频长度做了比较。结果发现，在餐饮服务类短视频中，热度最高的短视频的平均时长最短，均值为18秒，而中传播热度和低传播热度的短视频长度均值分别为22秒和31秒，显著长于平台传播热度最高的同类短视频。换言之，短视频获得跨平台传播广度和抖音传播热度的机制有所不同：虽然更长的餐饮服务类短视频在不同平台间的流动更为便利，但相对更短的短视频反而容易在抖音平台上获得更高的传播热度。或者可以据此认为，在建构餐饮服务类空间形象时，用自拍形式展现自己与美食之间快节奏的"相遇"，或者在日常饮食行为方面公开表演其他网民不能模仿的特殊技艺（如大胃王极限比赛等）成为提高餐饮服务类空间形象传播热度的重要推动力量。

综合来看，由男性网友创作且发布的餐饮服务类短视频无论传播热度还是传播广度都更高。相比女性拍摄者，男性拍摄者更有可能从男性特有的视角出发，作为各类图像的记录者和观看者更有可能在拍摄与各类餐饮服务类短视频时记录与女性相关的影像。将前文针对热度排名靠前的餐饮服务类短视频的质化分析与此处的量化分析发现综合起来看，或者可以认为，美女与美食等元素在短视频拍摄中的联合使用能够提高短视频的传播广度和热度。男性作者作为观看者所体现出来的审美价值和角度，更多地推动抖音平台餐饮服务类短视频的传播热度和传播广度。

与围绕商业设施类短视频的发现相呼应，在建构餐饮服务类空间形象时，若能恰当地加入带有乡村特色的符号元素同样会增加短视频在抖音平台上的热度。乡村特色的符号元素对于提高包括餐饮服务业在内的各类商业消费空间在抖音平台上的传播热度有明显的促进作用。

拍摄发布比较长的餐饮服务类空间形象短视频，虽然可能提高内容在不同平台之间的传播广度，却也可能在一定程度上影响其在抖音平台上的传播热

度。如果将抖音短视频的长度视为其包含信息量多少的指标,那么在建构餐饮服务类空间时,增加短视频中的信息量可以提高其跨平台流通度(或者会提高网民转发高信息量短视频时获得的社会认可度),却会减少短视频的平台热度。

五、城市设施类空间形象建构的最佳实践

相对较长(18.47秒左右)、带有自拍内容的城市设施类短视频,相比较短的和不带自拍的短视频,更有可能在不同平台间通过下载转发被网友广为传播。

由相对更为年轻(均值=26.35岁)的短视频作者创作并发布、不包含挑战话题,并且在拍摄实践中多少采用自拍形式的城市设施类短视频在抖音平台上易获得比较高的传播热度。

笔者将所有涉及城市设施(包括火车站、飞机场、电视塔、公园和中心广场之类的市政设施)类短视频的传播热度和传播广度作为统计模型的因变量,采用与前文类似的分析策略进行OLS多元线性回归分析。

数据分析结果显示,以传播广度为因变量建构的统计模型整体上显著(R^2 = .04, p < .01, VIF < 10)。控制其他影响因素之后,城市设施类短视频在不同平台间的传播广度,显著地受到短视频的长度(Beta = .18, p < .01)和短视频是否是自拍(Beta = .04, p < .01)两个因素的影响。针对短视频长度线性方差分析显示,传播广度最高的短视频平均长度最长,均值达到18.47秒,显著地高于中传播广度(M = 15.04秒)和低传播广度(M = 12.88秒)的同类短视频内容。换言之,网民更乐于在不同的平台之间传播那些相对较长(信息容量更多),并且由作者通过自拍方式展现自我与各种城市设施发生个人关系,形成个人叙事的短视频内容。如果能够在城市设施类短视频中提高各种实用信息的含量,同时积极鼓励短视频拍摄者利用抖音提供的基础设施,更好地通过自拍讲述个人与城市设施之间发生的各种故事(包括个人与城市设施之间发生的关联,个人与他人在城市设施中互动形成的故事等)。将个人身体和个人体验叙事展现在城市设施的影像中,成为提高该类空间形象短视频跨平台流通能力的重要因素。

将城市设施类短视频在抖音平台上获得的传播热度作为线性模型预测

的因变量，回归模型整体上也具有统计上的显著性（$R^2 = .03$，$p < .01$）。城市设施类短视频在抖音平台上的传播热度主要受到短视频是否包含挑战（Beta = −.14，$p < .01$）、短视频作者年龄（Beta = −.06，$p < .01$）和短视频是否采用自拍形式（Beta = .06，$p < .01$）三个因素的显著影响。进一步用方差分析方法深入考察最高传播热度组中短视频拍摄者的平均年龄，可以发现，城市设施类短视频传播热度最高组的作者年龄平均值为26.35岁，显著地比中传播热度（M = 27.05岁）和低传播热度组别（M = 27.65岁）要相对更为年轻。采用相对年轻群体既有的文化符号，用年轻人的方式和语法通过自拍展现自己与城市设施之间的关系成为提高该类短视频传播热度的关键所在。

综合而言，在拍摄发布城市设施类短视频时，自拍成了提高这一类空间形象的传播广度和传播热度最为重要的推动力之一。展现拍摄者自身身体与城市设施之间发生的关系，叙述自我在城市设施环境中发生的各类故事，将个人同公共设施关联，成为推动该类空间形象短视频传播的重要因素。

六、风景名胜类空间形象建构的最佳实践

时间相对更长（17秒左右）、包含挑战话题、POI地点标签被认领、采用自拍的风景名胜类短视频传播广度更高。带有下沉标签、不带挑战话题、带有风险提示的自拍内容更容易吸引抖音平台网民的传播热度。

笔者将涉及城市风景名胜类短视频在不同平台之间的传播广度作为因变量，采用与前文类似的分析策略进行多元线性回归分析。数据分析结果发现，以传播广度为因变量的模型整体显著（$R^2 = .03$，$p < .01$，VIF < 10）。控制其他影响因素之后，短视频的长度（Beta = .11，$p < .01$）、是否包含挑战话题（Beta = .08，$p < .01$）、POI地点认领的情况（Beta = .06，$p < .01$）、作者性别（Beta = .05，$p < .01$）和是否采用自拍（Beta = .05，$p < .01$）等一系列因素对于风景名胜类短视频的跨平台传播广度会产生显著的影响。进一步考察短视频长度，方差分析结果发现，在风景名胜类短视频中，传播广度最高的短视频平均时间长度为17秒，比中传播广度（M = 14.61秒）和低传播广度（M = 12.38秒）的短视频更长。值得注意的是，企业类账号可以在抖音平台上认领风景名胜类空间中特定的POI标签。认领成功后，在抖音POI的地址

页上会展示企业抖音号和企业的基本信息，企业可以对地点进行各种营销活动。通过让各类机构和商家认领风景名胜类空间的POI标签，从而由其对特定地点进行集中营销的实践方式对于提高风景名胜类城市空间形象的跨平台传播尤其有效。此外，挑战话题在其他空间类型的形象建构中，多少都会影响短视频在抖音平台上的传播热度，但在风景名胜类空间的抖音传播实践中增加挑战话题的元素，反而会提高短视频的传播广度。风景名胜类空间形象本身在诸多空间中属于传播热度相对最低的类别。或许可以认为，风景名胜类空间本身更适宜作为各种公众参与活动的背景。相比其他空间类型，如何积极地"认领"风景名胜，或者通过开展抖音话题挑战之类的活动在风景名胜类空间形象建构上有意识地加入更多人与人之间的有趣交往和活动，对于提高风景名胜类空间的抖音传播效果至关重要。

以风景名胜类短视频传播热度为因变量的回归模型在整体上显著（$R^2 = .05, p < .01, VIF < 10$），是否带有下沉标签（$Beta = .12, p < .01$）、是否带挑战话题（$Beta = -.12, p < .01$）、是否带风险提示（$Beta = .12, p < .01$）和是否采用自拍（$Beta = .05, p < .01$）等因素会显著影响风景名胜类短视频在抖音平台上的传播热度。与前文其他空间类型的发现一致，乡村特色元素对于提高传播热度似乎有比较一贯的正面作用。

综合而言，包含挑战话题的元素能够有利于提高风景名胜类短视频在不同平台之间的传播广度，多少可以影响传播热度。挑战话题的作用方面所表现出的差异恰恰表现出抖音数字传播的特征与实体空间本身原有意象之间发生的耦合形式。大多数风景名胜类空间与普通公众之间都是以游客"凝视"的方式发生相对比较疏离的人地关系，而抖音平台特有的挑战话题通过为广大网民带来切身参与卷入空间建构的可能性，为公众提供与风景名胜类空间建立更亲密关系的可能性。这种可能性一方面转移了用户的注意力，使其减少了完整观看、点赞、评论等行为；另一方面，也可能为用户在不同平台的自我展现提供契机。就体验方式而言，人地关系借助技术实现了从聚焦凝视到散焦触觉卷入的变化。从总体看，为了提高风景名胜类空间形象的传播热度，需要传播实践者更为积极主动地采用包括POI认领和挑战话题等方式，激活风景名胜类空间的传播活力，使其与普通用户之间发生除了游客"凝视"之外更为亲密的关联。

七、小结

笔者对五类城市空间在抖音平台上的形象建构和传播的最佳实践做一个比较整体的概述。通过对前面部分实证数据分析的总结性概述,笔者希望达到如下目的。第一,帮助读者对数据材料有一个更为整体性的把握。对于抖音城市空间形象建构最佳实践的整体性把握,将会给城市形象传播从业人员提供一个易于借鉴、便于操作的指南。第二,从整体上对抖音城市空间形象建构的各个面向,以及各个面向对于传播热度和传播广度的影响机制做理论上的阐述,并且基于理论和数据分析提出可能的解释。

为了更清晰地作一个小结,表4.15将前文中主要的研究发现呈现出来。根据表4.15,结合前文围绕抖音城市形象建构作为媒介实践的理论概念解析(包括实践者、身体涉入、打标签、音乐实践等维度),本小节旨在得出几个更为一般化的结论。

表4.15 抖音城市空间建构最佳实践一览表

空间类型	指标	实践者	时长	身体涉入	背景音乐	标签	挑战话题	虚实
政府机关	传播广度	机构 年轻(28.67岁)	长(M=25.35秒)			原创		
政府机关	传播热度	机构 年轻(28.8岁) 男性	中等(M=21.42秒)	非自拍		原创		
商业设施	传播广度		略长(M=18.59秒)	自拍				
商业设施	传播热度	年轻(27岁)				下沉	无挑战	
餐饮服务	传播广度	男性	略长(M=22.6秒)		平台音乐		无挑战	
餐饮服务	传播热度	男性	较短(M=18秒)	自拍		下沉+风险	无挑战	

(续表)

空间类型	指标	实践者	时　长	身体涉入	背景音乐	标签	挑战话题	虚实
城市设施	传播广度		较长（M = 18.47秒）	自拍				
	传播热度	年轻（26.35岁）		自拍			无挑战	
风景名胜	传播广度	男性	更长（M = 17秒）	自拍				POI认领
	传播热度			自拍	下沉+风险		无挑战	

1. 实践者

从抖音平台实践者角度看，实践者的年龄和性别都对传播效果产生影响。

首先，相比年龄更大的抖音拍摄实践者，在同一类城市空间的建构过程中，相对更为年轻的拍摄实践者常常能够成为提高空间（尤其是政府机关、商业设施、城市设施等空间类型）短视频在抖音平台内部传播热度的有效手段。结合前文对于抖音媒介实践的概念解析，或许可以认为，年轻的抖音实践者们自出生起便在移动网络和大量视觉影像传播的文化环境中生活。其日常生活中的情感表露方式，抖音平台的行为与日常生活其他实践活动之间的对接方式，其在参与抖音提供的各种媒介实践时所怀有的意图和文化预期，乃至其更为熟悉的网络化表达方式和语言符号资源，都能够更好地与抖音平台现有的用户群体发生响应。虽然通常情况下年轻作者创作的内容并不必然具有更高的跨平台传播广度，但政府机关类空间形象建构中，作者年龄略低可以有效提高传播广度和传播热度两个指标。如何通过将与政府机关类空间形象建构实践相关的情感、意图、行为模式和语言符号资源尽快年轻化，成为提高该类空间形象建构效果的重要因素。

其次，实践者的性别能够显著影响包括餐饮服务、风景名胜和政府机关类空间短视频的传播热度。其中最为明显的是，在餐饮服务类空间形象建构中，男性作者拍摄的作品无论是传播广度还是传播热度相比女性作者拍摄的作品都有所提高。根据前文对抖音媒介实践的概念解析，拍摄行为一定程度上指向拍摄者视角出发的选择性观看行为，以及观看行为背后的一系列情感和文化审美判断。因此，在建构餐饮服务类或者风景名胜类空间的抖音形象时，男性作者的观看视角可能更多代表男性在享受美食美景时特有的文化预期和观看方式。结合质化分析的结果可以认为，男性拍摄者在抖音平台生产美食或者风景名胜空间形象时，更有可能将美食美女放在同一空间中建构符合男性价值观念和审美趣味的城市美食美景场景。对于餐饮服务类空间而言，这种体现男性凝视的城市场景建构方式能够有效地提高短视频的传播热度和传播广度。

2. 时长

在各类空间短视频中，相比短小简洁的内容，那些视频时间较长的短视频更容易在抖音平台上获得较高的传播广度。这样的规律出现在包括政府机关、商业设施、餐饮服务、城市设施和风景名胜类空间的数据中。无论抖音空间类型本身的特征为何，普通网民更倾向于下载或者在不同平台之间积极分享转发那些视频时间更长、相应信息更多的短视频。

若将短视频时间长度视为与其内容包含的信息量相关，那么抖音短视频的信息量增加会直接提高在不同平台间跨平台传播带来的收益。这种收益或许表现为更多地以充分的内容为基础生成的社会交往机会（社交关系的存在可以驱动用户主动生产内容，增加用户黏性。一旦平台上有社交关系出现，用户就不再一个人孤独消极地刷屏，而是主动去分享和生产内容，并且与他人互动来维持社交关系），在转发分享过程中因为短视频信息量较高而获得的社会认可和意见领袖地位，或者是下载保留以后进行反复观看（甚至是通过反复观看和集体观看改变短视频的内容）所带来的需求满足。此外，相对较长的短视频指向相对更为完整的叙事结构。当短视频的长度相对较短时，叙事完整程度不如较长的内容。完整程度不高的短视频可能正因为其不完整，鼓励更多网民参与对短视频内容的再生产，更为积极地在文本叙事不完整的缺口中发挥自身的主体性和创造力。所以，在餐饮服务类短视频中，反而是较短的短视频相对获得更高的传播热度。但当网民将

短视频作为参考材料下载保存或者在不同平台转发给朋友时,他们更倾向于转发保存叙事相对完整的短视频。

3. 身体涉入

从抖音实践过程中实践者身体涉入的程度看,虽然数据分析发现,拍摄者对于创意滤镜和各种美颜效果的应用似乎并未直接影响短视频的传播热度和传播广度,但短视频拍摄是否采用自拍形式确实能够有效影响短视频的传播效果。从几类空间短视频传播中自拍因素所起的作用看,大多数情况下,采用自拍方式对拍摄者进行自我影像的公开呈现都能够提高短视频的传播效果。在城市设施类和风景名胜类空间的形象建构中,自拍所起的作用尤其明显。而政府机关类空间形象建构中如果采用自拍反而会降低传播热度。笔者认为,城市空间类型在线下长期积累形成的文化框架会影响自拍作为作者身体涉入空间方式以及与之紧密相连的第一人称叙事多大程度上是合适的。包括政府机关在内的权威城市空间形象建构中,作者能够通过原创音乐的配乐展现主体能动性,但是以第一人称叙事结合身体涉入的自拍形态却反而会降低短视频的传播热度。相比之下,风景名胜和城市设施一来本身就具有较高的开放性,二来为作者个人的自我展现和第一人称叙事提供了比较吸引人的环境背景;而第一人称的叙事直接与使用者发生体验上一对一的个人间对话,更容易引起围绕这两类空间的线上线下打卡穿梭,所以,自拍形式无一例外地能提高该类短视频的传播效果。

4. 背景音乐

从音乐元素在抖音城市形象建构中的应用来看,用户原创音乐和平台提供音乐发挥了不同的作用。

在数字平台建构政府机关类城市形象时,原创音乐(而不是自拍自我呈现)成为普通网民展现主体能动性,借由抖音提供的技术和社会符号资源与政府机关建立新型关系的重要途径。越是将由普通网民原创生成的音乐(包括对现有音乐的重新创作、增加效果等)作为背景与权威的空间类型结合,越是能创造出一种对比强烈新奇的空间体验,短视频在抖音平台上获得的热度也就越高。

与此形成对比，抖音平台提供的音乐能够更好地给普通网民较为熟悉的餐饮服务类空间打上抖音特有的音乐标签，让熟悉的空间"抖动"起来。带有抖音特定标签音乐的餐饮服务类空间形象在不同平台之间更容易发生快速的流动，让城市中的餐饮服务类空间借由抖音特殊的文化符号焕发出新的空间活力。通过将更为熟悉的城市空间借助平台音乐抖音化，一方面在跨平台传播时突出了抖音城市空间的特点；另一方面，多少增加了短视频用户体验上的新奇度，提高了餐饮服务类短视频在不同平台间的流通性。

5. 内容分类实践

从运营团队对短视频按内容进行分类的实践来看，具有明显乡村特色的短视频（加上包含高风险表演的视频）对于商业设施和餐饮服务等企业经营类空间的抖音平台热度有比较明显的促进作用。如果在商业设施的抖音形象建构中适度加入带有乡村生活和风俗特征的视觉或听觉元素，并且抖音平台的运营团队根据对短视频内容分类结果而采用不同的算法策略向城市和乡村地区更频繁地进行推送时，那些带有明显乡村元素的商业设施类空间形象建构或许能够在抖音平台上吸引大量来自城市居民的"凝视"。浪漫化的田园乡村内容一定程度上满足了年轻的城市抖友对于乡村生活的好奇和想象。这种对于数字化农村影像浪漫的视觉怀旧或许可以指向普通网民对于全球化城市化的一种反制。同时，随着我国农村经济和消费水平的不断升级，随着网络基础设施和移动手机的普及，农村巨大的人口基数成为餐饮服务类和商业设施类空间短视频获得更大流量不可忽视的基础。这一发现也与已有文献中发现带有乡村特征的短视频具有惊人的"带货"能力形成彼此呼应，增强了我们对于研究发现在理论效度上的信心。

6. 挑战话题

按照抖音短视频相关常识，大多数短视频会带上各种挑战话题来"蹭流量"。背后的逻辑是部分挑战话题带有平台banner资源位置的推广，普通用户看到话题活动就会点击参与，由此增加短视频在平台上的曝光率。但本节分析发现，带有挑战话题却有可能降低有些短视频在平台上的传播热度。为了理解这一矛盾，笔者提出，传播热度指标主要包含完整播放量、点赞数、

评论数等具体变量(参见前文建立指标部分)。三个变量牵涉到的用户关注和个人对于短视频内容的涉入程度,相比传统意义上在抖音平台上的曝光要更为深入。具体来说,曝光多数情况下意味着通过提高某一条短视频的显著程度(例如放置在 banner 位置)让更多网友在其抖音平台上获得的视频流中看到相关内容。"看到"实际上更多牵涉到受众的被动接受。但完整地播放某一条视频,为视频留下评论或为某一条视频点赞则更多体现了主动参与视频内容的再生产,为视频内容增加各种形式的次级文本(sub-text)。正因为本书对热度的操作化中假设了比较高程度的用户涉入,所以才有可能与同样是要求比较高程度个人涉入的挑战话题特征之间对于网民拥有有限的认知能量和关注度形成竞争零和关系。参与挑战话题过程吸引了用户比较多的关注之后,他们以点赞、评论等形式为短视频增加平台热度的实践频率反而有可能会减少。据此而论,通过挑战话题所"蹭"到的线上流量或许不会表现为完整播放、点赞和评论等形态。不同类型的流量无论是流动方式还是线下转化形态都有所不同,有必要进行进一步的细分。

7. POI 认领

网民经由 POI 信息相关的一系列实践进行线上线下的穿梭,会对风景名胜类城市空间形象建构产生作用。通过抖音平台提供的 POI 认领功能,各类企业账号得以更深度地对抖音平台上特定空间进行地点制造,更为主动充分地将自身独特的符号、文化印记,甚至是一系列营销活动事件叠加到风景名胜原本的实体空间形象上。结合风景名胜类空间形象建构在其他方面的系列特征(热度较低,生产者和用户年龄相对较高等)可以认为,风景名胜作为城市中人造的景观,在线下与游客发生的更多的是相对比较疏离的关系。风景名胜类空间中的景观本身也不如其他几类空间那样充满多样化的人的实践和互动。从媒介实践的角度看,实体的风景名胜类空间中能够促进人们积极主动进行交往的线索相对较少。而 POI 认领这种抖音平台创造出来的企业地点营销方式,为原本相对比较平淡的风景名胜类空间添加了数字网络化的符号和互动元素,由此提高了该类空间形象在平台之间的传播能力。

第五章
抖音城市传播方法论

据《2019中国网络视听发展研究报告》统计，截至2018年12月底，我国短视频用户规模为6.48亿，占所有网民数量的78.2%，用户使用时长占总上网时长的11.4%，短视频已成为仅次于即时通信的第二大互联网产品类型。抖音是一款由用户自主生产并上传内容的短视频产品，它融合了特效、背景音乐等元素，颇受年轻群体喜欢。这款产品由北京字节跳动科技有限公司旗下团队研发，于2016年9月上线。

截至2019年7月，抖音平台日活跃用户数达到3.2亿。根据CNNIC的统计，同期中国网民数量为8.54亿。这意味着大约每三个中国网民中就有一个抖音用户。作为用户增长速度最快的平台，抖音对于城市传播的重要性毋庸多言。

在这个以年轻用户为主的短视频平台上，城市传播的旧有格局被打破，由政治、经济、文化等数据界定的一线城市让位于由用户自发打卡并创作城市故事的二线城市，重庆、西安等二线城市开始走红，永和县、凤凰县等贫困县跻身抖音热度十强县。抖音网红城市成为一种新的城市景观。城市形象塑造不再囿于物理空间的限制，甚至也不再囿于经济实力等的限制。在抖音平台虚拟空间中，城市日益展现为空间使用者的日常生活体验。

新场景、新格局督促城市传播实践者更新方法论。为此，抖音城市传播课题组于2019年7月至8月展开田野调查，通过访谈、个案研究的方法，试图勾勒出抖音城市传播方法论。田野调查分为三个步骤。第一，课题组对抖音上善讲故事的13个创作团队进行访谈，包括6个政务账号、4个媒体账号和3个个人账号。访谈问题主要围绕三个方面展开：一是账号的发展历程，比如账号的开设、账号的定位等；二是账号的内容生产方法，比如选题的确立、拍摄工具等；三是对用户的认知，比如粉丝群体构成、粉丝运营等。每次访谈持续约1个小时，采取在线访谈或面谈的方式。第二，课题组访谈了3个抖音平台工作团队，旨在了解抖音平台的特性和运营方式。第三，通过个案研究，深入理解账号内容生产和运营的方法。访谈过程中全程录音，研究助理将其转录为文字，随后借助Nvivo软件对访谈内容进行编码和分析。

下文基于经典的新闻传播5W模型，从5个方面阐述研究发现，即谁（who，创作者）、通过什么（through what，渠道）、对谁（to whom，用户）、说了什么（says what，内容）、产生了什么（with what，效果）。我们聚焦于谁、通过什么、对谁、说了什么四个方面内容，这也是与短视频生产运营息息相关的部分。

第一节　创作者：专业的业余创作者兴起

本节我们刻画抖音平台上的创作者群体，讲述他们是谁，他们如何组建团队，又如何进行日常分工。抖音作为社交媒体平台，模糊了传播者与接收者之间的界限。短视频降低了内容生产的门槛，使得专业创作者与业余创作者之间不再泾渭分明。研究发现，专业的业余创作者正在兴起，并且成为社交媒体平台上内容生产的主力军。

一、创作者

智媒体时代，每个人都有摄影机，人人都可以成为创作者，或称创意劳动者。根据字节跳动平台责任研究中心与北京师范大学数字创意媒体研究中心联合发布的《短视频平台上的创意劳动者》报告，抖音上的创作者可以划分为十大创意集群：时尚、美容、健康、教育、美食、动漫、才艺、宠物、旅行和明星。在抖音上进行短视频创作，大多数人需要6个月以上才能积累一定规模的粉丝，走上较为成熟的阶段。绝大多数（72.3%）抖音创意劳动者都是独立完成内容生产创作的，有5人以上团队的创作者仅有3.4%。

课题组调研的13个创作团队中账号的运营者背景十分多样，有的是一线执勤交警，只凭一部 iPhone 便吸引 400 余万粉丝；有的毕业于地方警校，平日里是普通民警，没有任何新闻传播学科背景，却能一人运营多个颇受关注的抖音号；有的是消防队员，自己撰写剧本，拍摄视频短剧；媒体账号运营者中不少学过新闻传播学科，深谙视频制作的技巧，他们与具有其他知识背景的创作者同台竞技。仅从传播效果考量，生产者的知识背景并未对传播效果产生显著影响。

二、团队组建

我们从两个层面剖析受访账号的运营团队。

首先按人数，这些团队从 1 个人到 7 个人不等。个人账号多为一人运营。"@六安特警"账号创立于 2018 年 5 月，目前有 270 万粉丝，曾由普通民警饶欣一人负责内容制作和运营。实际上，饶欣本人独立运营过 4 个账号，这些账号都有不错的传播效果。有的团队由 2 人组成，采取轮班制，如"@潇湘晨报"账号。新媒体时代，内容生产是一份无可停歇的工作，轮班制较一人团队更为稳定，有利于内容的持续产出。有的账号由 5 人甚至更多人参与运营，人数较多可以生产更为专业的内容。以"@揭阳空港消防"账号为例，该账号由 5 人团队生产运营，团队隶属于揭阳空港消防宣教中心。其中，一人负责拍摄剪辑，3 人负责剧本生产、内容编辑，另有一人负责运营。账号不仅记录消防队伍的日常工作，还进行视频短剧制作，传播防灾减灾知识。

其次按团队性质，可以分为个人创作者和机构创作者。前者在内容创作上有较为鲜明的个人特色，创作者本人出镜，内容相对集中单一，例如有 83 万粉丝的"@北魏先生"专注于制作西部旅游内容。后者则倚靠某个机构，抑或有丰富的内容素材，抑或有充足的人员保障，具有较强的视频生产制作能力。《南方都市报》官方抖音团队是较为典型的机构创作者，一人运营、部门支撑、报社保障。《南方都市报》官方抖音账号由短视频事业部具体负责，事业部内有 50 多名记者编辑，每日生产短视频 60 余条，这些构成了官方抖音账号的内容来源库。实际上内容不止源于此，《南方都市报》各个部门、各个条线上的记者都为官方抖音账号供稿。抖音号专设了一名视频编辑负责内容发布与维护。其视频内容涵盖社会新闻、人物视频、城市形象等各个方面，目前有70多万粉丝，每日更新5—8条视频。政务号"@平安重庆"有400多万粉丝，运营团队挂靠在重庆市公安局政治部宣传处下，由新媒体工作室具体负责。工作室有7人，基本上都有5年以上新媒体工作经验，选题和策划集思广益，在不同平台发布内容，具体到抖音平台由2人负责采编和维护。

新媒体时代，人人都可以是创作者，但并非人人都能成为优秀的创作者。访谈显示，这些优秀账号的创作者并非绝对意义上的业余人士，他们或多或少拥有不同的资源支持，有的有多年新媒体运营经验，有的曾接受系统的宣传培训。例如，两个账号的运营团队都提到公安部宣传项目的扶持，"@六安特警"账号原运营者饶欣曾是一线民警，在参加公安部宣传专项计划时了解到抖音平台，他与"@大漠警示"的运营者——一名法医，同为公安部"小V"创意团队的成员。这个团队凝聚了公安系统内顶尖的社交媒体运营人才，其成员年轻，喜欢拥抱新技术，也是新技术的首批尝鲜者。饶欣此前已有新媒体运营经验，也是最早一批入驻抖音的政务号创作者。访谈中，几位专注于旅游内容的个人创作者都喜爱摄影，会使用无人机拍摄，其中一位此前已全职运营自媒体。另有政务账号运营者参加了抖音的短期培训，通过自学或在线学习掌握视频制作的基本技巧。

这些创作者可以被称作专业的业余创作者。业余是因为他们并不专门从事新闻传播工作，也不具有新闻传播学科专业背景。但他们能持续地生产内容，并且取得了较好的传播效果，在一定程度上，不亚于专业传播人士。短视频降低了视频内容生产的门槛，设备、叙事方法、镜头挪移不再掣肘视频生产。通过自学或培训，未受过新闻传播专业训练的创作者也可以大展身手。在抖音平台上，专业的业余创作者作为主导的实践主体开始兴起。

第二节　抖音：记录美好生活的平台

平台媒体改变了传统媒体和传统互联网时代粗犷的内容分发模式，即同一内容的大众化分发，转而通过算法推荐机制进行更为精准的内容分发，实现讯息与人之间的有效连接。平台媒体(platisher)时代愈发印证了麦克卢汉的经典论断——"媒介即讯息",平台日益左右讯息与人的连接。平台多为技术公司,本身并不生产内容,而是借助算法,描画用户阅读习惯,实现讯息与人的精准匹配。抖音是平台媒体的典型代表,对平台的深入理解有利于生产更适合平台特性的内容。

根据《2018年度中国移动资讯分发平台市场研究报告》,中国移动资讯分发市场用户规模为7亿人,较2017年增长7.7%。在用户喜爱的资讯类型中,短视频地位逐步提升,仅次于图文结合类资讯,占比39.1%。抖音将自身定位为"记录美好生活"的短视频分享平台,其庞大的用户群体为内容传播搭建了人群基础。根据官方统计,在抖音平台上,35岁以下的年轻用户占比超过90%,女性用户占比为55%,男性用户占比为45%,一、二线城市的用户占比超过50%。本节我们基于优秀创作者们的阐述,结合抖音官方材料,总结抖音平台的特性。

一、巨大的流量体

创作者们不约而同地谈到抖音强大的传播力。"@大鹏交警"运营者尚警官称:"抖音这个平台的传播力太强大了,像我们抖音作品最少都有几万的(传播量),多的是几千万、上亿的传播量,转发数最多的一个作品是5.3万,评论数最多的是5万多,这种传播量是其他任何自媒体都无法代替的。所以,现在我们的自媒体宣传,是以抖音为主,做好抖音,其他自媒体来互动。"

"@浙江之声"(浙江广播主频率官方账号)的运营者吕薇也有同感,并且冀望借助抖音这个大体量平台与自身的重大报道策划相结合。"抖音是一个超大的流量体,我们(账号)现在单条视频点击量最高的是1.39亿,有两条视频都是在1亿以上,还有一条也是接近1亿。它巨大的传播力可能会比其他平台有很大的优势。我们也蛮重视,希望能够与重大事件的报道结合在一起。台风利奇马的报道成功地运用了这个平台,在三天时间内发了22条视频,总点击量近8 000万,一条视频上了热搜榜,热度最高时排在第二位,确实提升了浙江之声的传播影响力。"

二、传播正能量

多数受访者认为,抖音是一个以传播社会正能量为主的平台。吕薇认为,"暖心的、有人情味的内容都比较受欢迎"。"@揭阳空港消防"账号的运营团队认为,抖音是很好的传播社会正能量的平台,正面、积极的内容很容易通过抖音发酵传播出去,让更多的人看到,也能提升社会整体正能量。这也与抖音本身的定位相契合。抖音总裁张楠称,抖音的定位是"希望让无数个普通人,在遇到生命中那些美好的瞬间的时候,可以抓住它、分享它,让大家的'美好'都能流动起来"。

传播社会正能量与世界新闻业对建设性新闻的探索有异曲同工之处。传统的新闻报道奉客观性为圭臬,通过一套策略性仪式践行对客观性的承诺,宣称事实与价值的分离。然而在日益原子化的现代社会,仅从旁观的视角切入,似乎难以弥合情感的缺失和认同的断裂。于是,建设性新闻应运而生。在忠实于事实的基础上,建设性新闻提倡不只专注于指出问题和揭露冲突,更应"从解构到建构,从批判到建言,从负面到典范,从挖掘到解决,从旁观到同理",强调增加对人的关怀,以塑造共识,凝聚认同,建设更为美好的社会。建设美好社会与抖音所倡导的"美好即价值"不谋而合,有利于弥合社会。

三、去中心化

去中心化是互联网由2.0时代向3.0时代迈进的典型特征之一,网络结构更加扁平,内容生产更为多元,普通网民发声并被听到的机会增加。在访谈中,三位创作者都提到抖音平台是一款成功的去中心化的产品。"@六安特警"原运营者饶欣的看法较具代表性,"在其他平台上要达到较好的传播量,必须要有足够多的粉丝。如果只是一个普通账号,粉丝太少,东西再好也没人看。但在抖音平台上,只要专注于内容,就能达到较为理想的传播效果"。

"@大鹏交警"账号运营者尚警官用"公平"来形容抖音平台,"在这个平台上不需要成为'大V',只要内容足够好就能获得较好的传播效果"。

四、技术平台

创作者们普遍提到抖音平台的技术属性。抖音是一个由算法进行内容分发的平台。迄今为止，资讯信息分发的模式主要有三种：一是依靠专业传播者进行的大众媒体分发模式；二是依托社交媒体传播的关系型分发模式；三是基于算法推荐进行的算法型分发模式。根据《中国移动资讯信息分发市场专题研究报告》，算法分发正逐步成为互联网资讯信息分发的主要方式。而在国内信息分发市场上，算法推送的内容已超过 50%。我们日常生活中使用网易云音乐听歌，在淘宝上购物，在京东上买书，其背后都有算法推荐的身影，于是也就有了千人千面的开屏界面。

在计算机领域中，算法是对完成任务的方法的描述。抖音平台通过算法推荐系统实现内容和用户的匹配。推荐算法实际上是用户对内容满意度的拟合函数，通过用户特征、内容特征等信息，算法推断出用户对某个内容感兴趣的概率，把用户最有可能喜欢的内容推送给用户。这个过程即是用户画像的过程，每一个用户都会依据其喜好等被打上不同的标签，例如常看足球内容的用户会被标注上足球标签。

算法并不会仅依据用户兴趣推荐内容，其他重要的影响因素还包括：使用环境，比如用户所在地、打开时间、使用的手机设备类型等；内容特征，比如内容类型和热度等；协同推荐，即与用户标签类似的其他用户所感兴趣的内容也会推送给这位用户。这些因素能让算法推荐内容更为多样，避免内容窄化带来的信息茧房效应。

访谈中，创作者们倾向于将算法简单地理解为流量池。例如，"@揭阳空港消防"的运营者称，通过网络搜索了解到，内容发至抖音平台后会推送到初始流量池，如果在初始流量池数据良好，会再推送到更大的流量池，以获得更好的传播。

要通过初始流量池的考核，完播率是一个较为重要的指标，即用户能否看完整个视频。"@大鹏交警"账号运营者尚警官介绍，"原来可以发布一分钟视频的时候，我们账号很多作品都是 50 多秒。如果有几个类似的案例，会把两三个事件放在一个视频里面。事实证明，这样完播率比较差，对传播数

据有影响。听取抖音方面的运营建议后,我们将作品时长缩短,一个视频只讲一件事,一般在30秒以内,不会超过40秒,之后传播数据越来越好。今天我们发了个作品,现在已经50多万点赞了"。

对传播渠道的认知有利于调整内容生产的策略。同样不可忽视的是对传播对象的认知,即用户是谁,以及如何维护用户。

第三节　用户:打造真人IP,变用户为粉丝

我们所访谈的账号大多于2018年入驻抖音平台。当时,网络短视频正成为互联网内容平台的新风口,飞速增长的用户群体吸引创作者和机构纷纷入驻。然而,多数受访者并不了解平台上的用户群体,也未对账号粉丝做过深入分析,更缺乏针对特定粉丝群体的定制化内容生产。有的受访者依据评论猜测粉丝群体构成,例如很多人回复"小哥哥"意味着女性粉丝居多。几乎所有受访者都表示要在未来加强与粉丝的互动。新媒体时代的内容传播不仅依靠平台,还要依靠普通用户的持续卷入与参与,用户的数量与用户的黏性同样重要。内容创作者也可以学习电商,变用户为粉丝,争取更多粉丝的同时运营粉丝社群,向"内容+社区"的方向发展。

一、抖音平台的用户群体

根据2018年抖音数据报告,抖音平台以年轻群体为主,用户最活跃的三个时间段分别是午高峰12—13时、晚高峰18—19时和夜高峰21—22时,受访账号的运营者也将内容发布时间调整为与用户活跃期相符。

与年轻用户群体沟通不宜再采用严肃的、一本正经的姿态。"@平安重庆"账号运营者称,应"设立亲民接地气的人设,放下身段,褪去'高冷'、不打官腔,用网言网语与用户交流"。因为接地气的沟通方式,还有网友调侃称"你要记得自己是官抖,应该保持高冷"。"@平安重庆"账号还设计了专属的"蜀黍卡通形象"(见图5.1),将人物设置进一步立体化,拉近与年轻用

图5.1 "@平安重庆"的警察卡通形象

户的距离,有用户留言称"皮这一下很开心"。

二、粉丝运营

受访账号的创作者们普遍意识到要依据用户群体特征来生产内容,但都未实践面向特定群体的内容定制化生产。实际上,在这个信息冗余的时代,人与内容的关系是脆弱的,随时都有可能中断。将用户发展为粉丝,增强粉丝黏性,是一种有效地实现人与内容更为长久连接的方式。近一半的创作者表示,未来要增加与粉丝的互动,但也仅限于回复粉丝评论。如果能将内容与人的社会关系,甚至生活方式交织在一起,则更有可能撬动内容的传播。"@揭阳空港消防"运营团队通过打造真人IP、培养铁杆粉丝、运营粉丝社群、开展粉丝活动等方式建立与粉丝的亲密联结,我们将其作为一个完整案例予以剖析。

案例一:"@揭阳空港消防"的粉丝运营

1. 账号介绍

"@揭阳空港消防"是广东省揭阳市空港经济区消防队的抖音官方账号,2018年11月9日宣传月期间入驻抖音。目前,"@揭阳空港消防"抖音账号粉丝数为160.3万,点赞数为4 189.2万,账号运营团队共有5人。

2. 内容特点

"@揭阳空港消防"账号的定位为宣传消防队伍正能量,传播防灾减灾知识。其内容生产主要从三个方面着手。

(1) 展现消防队员工作和生活

账号内容大量集中于呈现消防队员生活、训练和现场救援情景(见图5.2)。尤其是一些有关救援的视频,现场感强,画面较具震撼力,展示了很多普通人未曾亲历过的火灾现场。同时,配以动感或抒情的音乐渲染主题,采用"#消防员的高光时刻""#为你赴汤蹈火"等标签助力传播,塑造了消防队员坚韧不屈的良

图5.2 "@揭阳空港消防"的短视频内容

好形象。例如,视频《心疼!消防员成功救出5名被困者,自己却热晕在火灾现场》采用现场跟拍的拍摄手法,抖动的镜头对准疲惫的消防队员,背景中还有红色的火光,类似于突发新闻的拍摄手法增强了现场感,让公众了解到消防工作的特殊性和危险性。这条视频有超过51万的点赞数,评论中多

为感佩和关心(见图5.3),取得了较好的传播效果。

(2)传播防灾减灾知识

运营团队期望使用轻松有趣而不是说教的方式来宣传防灾减灾科普知识。例如,在"班长与小吴"系列短剧中,融入有关吹风机使用不当易引发火灾的信息;或专门拍摄防骗宣传视频,呼吁警惕不法分子以消防员名义实施网络诈骗;也有通过真人讲授的形式,宣传夏季防溺亡、煤气泄漏处理方法等内容;还有一些现场事故处置的视频,例如轿车加油后未拔油枪拖倒加油机引发大火。部分宣传教育在与粉丝评论互动中进行,例如一条热门视频讲述当消防员一天、一个月、一年的变化,收获逾150万点赞数。在评论中,运营团队结合视频中的内容和网友疑问对液化气罐回火现象进行了科普(见图5.4)。

图5.3 "@揭阳空港消防"视频评论中的互动

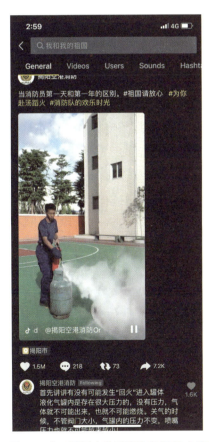
图5.4 "@揭阳空港消防"的科普内容

（3）结合热点事件

结合热点事件主要从四个层面展开：第一是跟进热点事件，例如四川宜宾发生6.0级地震，运营团队马上拍摄关于地震自救方法的视频；第二是跟进热点节日，例如七夕节策划拍摄消防员的爱情故事；第三是跟进热门社会话题，例如针对2019年暑期流行的"明学"，即模仿黄晓明说话，运营团队制作了一期趣味短剧视频《如果你有一个像黄晓明一样的班长》；第四是参与抖音平台热门话题挑战，例如抖音在某段时间内流行踢瓶盖、手势舞等，"@揭阳空港消防"也会在第一时间推出消防员踢瓶盖和做手势舞的视频。

从传播内容来看，"@揭阳空港消防"账号并不局限于依据账号定位生产内容，比如踢瓶盖、模仿黄晓明等内容，并没有明确的宣传目的，更接近于软宣传，即不以实质性目标为宣传目的，而是宣传一种生活方式。这是一种更为有效和软化的宣传方式，可以产生更为持久的传播效果。

3. 运营特点

在账号运营方面，"@揭阳空港消防"具有较为鲜明的特色。账号通过打造真人IP，生产短小的抖音连续剧，吸引一大波粉丝，进而维持粉丝群体，增强粉丝黏性。

（1）打造真人IP，生产抖音短剧

之所以要打造真人IP，原因有二。第一，在账号运营初期，团队成员还未摸索出有效的传播方法，账号上会发布消防队日常内部活动、消防站开放、消防宣传等内容，从效果上看用户并不太关注。政务短视频同质性高、精品少，如果大家都发同样的内容，就无法获得很高的播放量。第二，运营团队发现，单纯依靠感人的正能量视频来取得高播放量并不是长久之计。依靠瞬间感动是无法产生用户黏性的，要塑造账号的性格才能与用户产生更为紧密的联结。

随后，运营团队渐渐发现消防班长与新兵的故事比较受欢迎，于是他们策划打造了"班长"与"小吴"两个IP，围绕这两个IP制作消防队故事系列短剧。运营团队认为，平时公众看到的都是消防队员训练、战斗的一面，很少看到他们生活中有趣的一面，将其展示出来，大家会有新鲜感。

实施过程第一步先确定上镜人选。经过多人试镜，最终确定了两位镜头感强、收放自如的队员扮演班长和小吴。第二步构建人物设置，班长严格，小吴可爱、偶尔犯傻，两人形象鲜明、亦师亦友，碰撞出很多火花，各自培养出粉丝群体。第三步是整体规划和持续贯彻内容输出。运营团队成员头脑风暴式地集体撰写剧本，剧本内容主要涉及队内生活、训练和防灾减灾知识。在"#消防队的欢乐时光"的标签下，通常展示消防队内勤和训练生活。一条题为《训练时的班长和生活中的班长》的短视频中，班长训练时要求严格、一丝不苟，生活中关心队员，为小吴揉腿，自然而然地传递出消防队员的艰辛和消防队内的人情味。还有一些视频主打趣味，博粉丝一乐。

目前，团队已持续制作几十条"班长与小吴"系列短剧。也有小吴单人出镜，拍摄记录小吴日常训练中的片段，使小吴的形象更加立体和丰富，也培养了小吴个人的铁杆粉丝群体。

（2）变用户为粉丝，运营粉丝社群

"@揭阳空港消防"在运营抖音账号的过程中一直较为注重与粉丝和抖音网友的互动沟通，尤其注重粉丝的维护。在发布视频的时候，文案常会设置一些提问，例如"到底谁更帅？评论区艾特出你们喜欢的消防队员来帮小吴回答一下"，这些提问有效引导粉丝和用户在评论区回复，增强互动性。同时，运营团队积极回复评论，与用户开玩笑或者问好，使用年轻新潮的语言或者表情包，打破了官方严肃、正经的形象，拉近了与网友之间的距离。

两个IP的成功打造带来了立足于人设的新粉丝，班长与小吴各自拥有一批粉丝。粉丝常在视频下留言，例如，有的说"想和小吴合影"、"小吴最帅"、"要去揭阳看小吴"。运营团队进而尝试组建粉丝微信群。入群的都是铁杆粉丝，有的粉丝改群名片为"小吴的头号粉丝"、"小吴的超级粉丝"。可见IP的成功打造使得粉丝对账号有了新的关注点，不再只关注账号的内容，更关注具体的个人，增加新的互动角度。小编第一时间将更新视频转发到群内，鼓励大家前往抖音点赞转发。除此之外，小编还会在群内回答粉丝的提问，和粉丝聊天，和粉丝道晚安，以活泼、亲民的姿态维护好与粉丝之间的关系。群内目前有近300人，不仅形成了官方账号与粉丝之间的

互动,也形成了粉丝与粉丝之间的互动,每天有数百条信息更新。微信群成功地建立起粉丝之间的关系纽带,也使得粉丝的黏性更强。

运营团队会依据粉丝呼声,生产特定的内容与其回应。例如,一条小吴救援后热晕在火场的视频引发粉丝的强烈关注,评论中满是对小吴的关心和询问。于是,运营团队制作了一条小吴感谢粉丝关心的视频,既回应了粉丝的关切,又拉近了与粉丝的距离,同时也宣传了消防队员的爱岗敬业(见图5.5)。

(3)从线上到线下,用社交凝聚粉丝

"@揭阳空港消防"账号尝试运营的粉丝群已有社区的雏形。群内有铁杆粉丝,也有资深消防迷。群内话题讨论从生活话题到消防队员安全五花八门。运营团队进一步尝试用社交凝聚粉丝,组织铁杆粉丝见面活动,把线上关系固化为线下社交关系。2019年暑

图5.5 "@揭阳空港消防"评论区的互动

期,他们邀请各地粉丝来到消防站,与班长和小吴一起体验消防器械和队内生活。粉丝们参与内务整理,认识消防设施器材,体验高平台消防车、消防战斗服、火灾扑救、高空逃生,观看楼层内攻操等活动。班长和小吴两个IP的扮演者带领粉丝活动,拉近了与粉丝的距离。此次活动的片段被剪辑成短视频,参与活动的粉丝与班长和小吴对着镜头共同喊出一句话:"你们知道揭阳空港消防是怎么对粉丝的吗?"在抖音上进行传播,共获得1.8万点赞。在视频评论中,粉丝纷纷表示"我也要去"、"我也想和小吴合影"、"实力宠粉"等。运营团队将自己与粉丝的互动从线上做到线下,配合创新性的互动体验,用亲密社交进一步凝聚粉丝,塑造了一个热爱消防的社群。

第四节　内容生产：建立素材库，"音乐＋镜头"同频共振

优质的内容是账号运营的根本。本节我们基于这些优质账号的内容生产经验，从账号定位、选题策划、素材来源、制作技巧和所用工具五个方面阐述抖音平台的内容生产规则。

一、账号定位

定位明确是内容生产的核心，围绕定位来生产内容才能培养粉丝的固定期待。曾运营"@六安特警"账号的饶欣认为，应依据账号属性来确定定位，内容也应该围绕这一定位。在运营初期，他发了一些与账号定位无关的内容，虽然涨粉很多，但要想达到宣传效果、产生较强的粉丝黏性，必须回归账号定位上。

定位明确有利于打造账号的特色，例如，"@大鹏交警"账号立足于本地宣传交通法规知识和塑造交警形象，账号内容所有素材全部来自一线执勤过程中所见。运营者受到其他账号的启发，也曾计划制作视频短剧，但"没有这样的资源，还不如做好一线视频"。

"@平安重庆"账号的定位较为立体，分为四个方面：警务信息公开、警务知识科普、警队形象宣传、正能量和价值观输出。围绕定位确定了七大选题内容：一是民警规范执法，比如民警抓捕嫌疑人后向群众致歉、民警暴雨天陪伴小女孩；二是民警技能展示，比如跳起来抓杆、女警转身打靶；三是民警英雄形象，比如时代楷模杨雪峰、连续加班倒在工作岗位上的交巡警姜瑞华；四是警务信息公开，比如全国首例抖音追逃、悬赏抓捕命案逃犯；五是安全防范提醒类信息，比如反诈提醒；六是重庆城市风光和历史人文；七是一些充满趣味的警情或引人关注的交通事故。

有了明确的定位，确定选题就较为方便。对于超纲选题，"@平安重庆"账号运营团队会进行评估，主要看能否传递向上向善的价值观，以及预判能否取得良好的传播效果，提升账号的美誉度。除此之外，还有一个小技巧。

所有在抖音上发布的视频，团队都会在一个短视频内测群里进行预览，这个微信群成员主要是重庆本地比较优秀的新媒体小编，群内成员提出专业意见，确认不会引发负面舆情，超纲选题就可以正式发布。

网络世界混淆了地理位置的界限，在定位上可以不局限于本地信息。以"@动静新闻"为例，这是贵州广播电视台的官方抖音账号。账号原本叫作"@动静贵州"，在运营一段时间后，团队认为不应局限在贵州，视野可以更大一点，关注国内各个地方发生的新闻。随后账号改名为"@动静新闻"，立足国内，关注热点事件，目前有400多万粉丝。

二、选题策划

选题质量对传播效果至关重要。围绕定位确定选题后，还需要从不同角度策划、挖掘和细化选题。受访者们普遍提到，要依据时令、紧跟热点，并且结合账号定位进行选题策划。下面，我们结合两个账号的选题策划实践展开论述。

"@六安特警"账号的选题策划分两步走，先有大方向，再拆解为关键词，逐步细化。首先是依据领导要求做策划，例如配合文明六安的城市创建，围绕社会主义核心价值观策划选题，把核心价值观——分解，再按每一个关键词寻找素材。其次是根据城市特色，宣扬城市的真善美，寻找能体现美好品质的人物故事。提到六安，会想到"红色六安、青山绿水"。红色六安可以联想到红土地、红色革命故事、红色革命根据地等，青山绿水可以是城市风景和守护城市的建设者，如警官。

"@浙江之声"账号主要从三个方面策划选题。

一是寻找展现城市人情味的选题，传递城市正能量。例如，一条传播数据较好的视频讲述的是杭州一位消防员在救火过程中的暖心举动。当时是冬天，一辆货车烧起来，消防员成功救出一男一女，女士丢失了鞋子，光着脚，消防员把自己的鞋子递给女士。这样一条暖心的视频，点击量有2 000多万，点赞数达90多万。运营者吕薇认为，这样有人情味的、正能量的视频，也是对城市形象的正面宣传，让用户感受到杭州的温度。

二是围绕城市景观展开选题策划。杭州有很多地标性场所，如西湖、钱塘江、大运河。西湖雪景很美，摄影师专门去拍，发了两条视频，点击量有近

100万。除了地标之外,美食同样诱人,杭帮菜较具特色。吕薇计划在城市选题中寻找新的方向——儿时记忆,挖掘杭州本地人的儿时回忆,尤其是外地人可能不太了解,但对于本地人确是成长的回忆。她举例称,杭州曾有一个开了很多年的爱心面馆,经常为环卫工人提供免费饭菜,面馆声名在外。面馆老板去世时,"@浙江之声"制作了一条视频,点赞数也不错。在吕薇看来,视频里既有暖心的普通人的故事,也有杭州这个城市的记忆。

三是围绕重要事件做文章。吕薇认为,杭州发展较为快速,正在迈向国际化城市。基础设施建设尤为迅速,每逢重大工程竣工,团队也会策划制作视频。例如杭黄高铁开通运营是公众普遍关注的事件。这条高铁是一条风景线。高铁开通不只是做现场常规报道,在吕薇看来,更要注意挖掘事件中暖心的故事,所以现场记者采访了乘坐首班杭黄高铁前往千岛湖的一对金婚夫妇。老大爷白眉白发,真诚地讲出爱情誓言。这种暖心故事为重大事件报道添彩。

依据时令和紧跟热点进行选题策划是创作者们的一致认知。例如七夕节当天,"@揭阳空港消防"账号发了一条消防员因没办法陪伴女友而失恋的视频,视频引发消防员爱人群体的共鸣。结合热点通常会取得较好的传播效果,例如《延禧攻略》较受关注时,或许可以结合剧中热点进行普法知识宣传,比如在古代是这样,在现代的法制社会,同样的事件应如何处理。类似的,《长安十二时辰》比较火时,可以借热点制作家乡十二时辰等。

三、素材来源

运营抖音号,需要持续不断地为用户提供内容,无论是采编加工,还是原创拍摄,都需要较大量的内容输出。如果仅依靠灵感,临时抱佛脚,工作效率比较低,内容质量也不稳定,不容易培养用户的固定期待。受访账号都在探索开拓选题来源的不同方式,主要包括三种:建立选题库,建立拍客队伍,建立供稿平台。

"@平安重庆"账号运营团队建立了自己的抖音选题库。通过不断丰富完善选题库,更加方便理清思路、汲取灵感、积累素材。"@平安重庆"账号的素材来源包括警方的视频监控、执法记录仪,以及热心网民提供的手机拍摄视频。同时也会结合内容定位和选题,在互联网上搜索一些视频素材,用于内容加工。

"@南方都市报"的运营团队采用专业拍摄团队与拍客团队相结合的模

式。团队在全国各地建立了拍客队伍。拍客中有职业报料人、专业摄影师，还有大学生。例如在西部一些地区，运营团队联系当地新闻院校，请学生拍摄当地新闻，既为学生提供了实践机会，也充盈了内容来源。

"@浙江之声"作为媒体账号，充分利用自己的省台资源，与浙江省内各市县台加强合作、共享资源，成立全省市县台联盟。联盟相当于搭建一个供稿平台，共有70多个市县台向"@浙江之声"供稿，供稿内容包括文字、图片、视频等。市县台联盟的供稿成为"@浙江之声"抖音号的重要素材。

一些账号尝试使用激励制度支持素材供给。例如，"@六安特警"账号通过内部信息上报制度获得更多一线警示信息；"@潇湘晨报"账号设立物质鼓励机制，单条视频超过一定的传播量，可以申请优质稿件，获得物质回报。这些机制有利于保证内容供给。

四、制作技巧

从制作技巧来看，短视频与电视节目和长视频区别较大，它的最大特点就是短，也正因为短而打破了视频类内容原有的线性叙事方法，更趋向于点状叙事。本节，我们依据优秀创作者的实践来阐述抖音上短视频的制作技巧。

1. 点状叙事

《南方都市报》短视频事业部负责人陈伟斌认为，短视频与以往的电视节目最大的不同在于短。以往一些优质的原创视频暂定是3分钟到5分钟，甚至8分钟、10分钟的片子都有。但如果把这些片子照搬到抖音上是不行的，一定要进行加工和重新剪辑，把它剪到适合在这个平台上传播。以往电视节目制作中那种线性叙事，从头到尾全景式报道的模式不太适合短视频。

以往1分钟或者2分钟才能够把一个事件的来龙去脉讲清楚，但抖音上的短视频只要能够把最核心的场景、最核心的信息讲清楚就可以。通常用户并不会深究事件原委，对于内容的讨论和进展都在评论区进行。对于用户关注较为集中的内容，运营团队会再追加一条短视频回答用户的疑问。

受访账号中，单条视频长度通常不会超过50秒。"@揭阳空港消防"团队将视频长度保持在30秒以内。运营团队认为，一个火灾视频不能再按照传统的方式,以完整的叙事方法从头到尾播放。由于抖音算法会考量视频的完整播放率,为适应平台特征,在视频剪辑上突出重点,只展示一个感动或振奋的画面与场景,再搭配文字说明。短视频时代,视频的叙事方式日益由线性叙事变为点状叙事。

2. 抓住开头

在抖音平台上,短视频的开头尤为重要。视频时长短,加之完播率的考量,想要获得较好的传播效果就需要在开头抓住用户。"@潇湘晨报"账号运营者认为,短视频的前30秒一定要有高潮,要把最精彩的内容放在开头,音乐和画面都要足够吸引人。"@动静新闻"账号运营者也赞同,对于用户来说,比较注重的第一点即是镜头。如果第一个镜头不吸引人或者头三秒不吸引人的话,用户很容易就划走了。在制作短视频的时候,首先需要注重的应该是镜头和语言,第一句话也一定要把用户留住。先用镜头和语言把用户留住之后,字幕和音乐都是辅助性的要素。

3. 同频共振

音乐是抖音短视频的重要元素之一,也正因此,在这个平台上诞生了一个新词——BGM,即背景音乐。这足以说明音乐的重要性。抖音平台有专门的音乐热门榜单,一些账号运营者会在榜单中寻找热门音乐,在一定程度上,对传播效果有促进作用。以"@揭阳空港消防"账号为例,运营团队在制作视频时,会根据不同的内容搭配抖音上不同的热门音乐,同时还需要搭配合理。例如,有节奏感的镜头配上有节奏感的音乐,娱乐性的内容则配上搞怪的音乐,使得视频能调动个人的情绪、烘托氛围。热门的音乐本身是平台上传播效果很好的音乐,自带一定的流量,也能增强用户的熟悉感。运营团队也会借鉴其他账号的作品,例如,今天发布了火场救援的视频,可以去参照其他账号发过的热门视频,学习这些视频的配乐。曾运营"@六安特警"账号的饶欣总结认为,好的音乐搭配好的画面,会产生同频共振的效果,从而撬动内容的传播。

4. 参与挑战

参与抖音平台具有特色的挑战赛和话题对传播效果有较为明显的拉动作

用。例如，十分火爆的踢瓶盖挑战，抖音为短剧制作者建立的话题"金映奖故事单元"、为科普知识建立的话题"dou是知识点"、为消防队建立的话题"消防队的欢乐时光"和"为你赴汤蹈火"等。一方面，参与趣味话题和挑战再次拉近与用户的距离；另一方面，参与话题和挑战也能获得一定的流量扶持。

5. 人物，而不是空景

与以往视频类讯息平台相比，抖音还有一个较大的不同，它是竖屏传播。从镜头语言上来说，竖屏更适合展示中近景，而不是远景或空景，也更适合展示带有人物画面的景致。多位受访者均提到，制作短视频时最好加入有人物的画面，更有利于视频传播。例如，"@揭阳空港消防"运营团队成员提到，为宣传揭阳市，在拍摄外景时，团队会将拍摄地点挪到该市具有标志性的建筑文化广场。拍摄时并不会只拍建筑物，而是以建筑物为背景，拍摄消防队员穿梭于其中的场景。抖音平台上的多条爆款视频均具有类似特点，例如重庆李子坝地铁站因穿过居民楼而成为抖音网红景点，其实体建筑特质为人熟知后，传播热度仍然不断攀升，市民、游客等自行前往，巧妙利用错位拍摄地铁"开进"自己口腔或衣袖的视频。西安摔碗酒视频的走红也有异曲同工之妙。这些视频中传递出人类生活与城市空间之间的联结与沟通。

抖音平台的兴起催生了"网红城市"的概念。按照潘忠党的观点，如果将城市视作一种特定的人类生存形态，那么城市空间则是人的各种活动和体验之场所，它们又是在人的行动和互动中才得以生成。而衡量城市的价值标准也日益表现为普通城市居民和城市空间使用者的日常生活体验。重庆李子坝车站和西安摔碗酒的持续走红正印证了上述论断。城市不再仅仅是华丽的建筑的展演，它更应该是人们进行公共交往的平台。这种交往既可以体现为人与人在实体空间中的交往，也可以体现为人与实体建筑之间的沟通。

五、所用工具

我们列出了部分受访账号制作视频时所使用的拍摄和剪辑设备，同时列出了生产制作时间（见表5.1）。

第五章 抖音城市传播方法论

表 5.1 抖音内容生产设备列表

账号名称	拍摄设备	剪辑软件	简要说明	生产制作所需时间	更新频率
@大鹏交警	iPhone	VUE	VUE是手机上的Vlog社区与编辑工具，允许用户通过简单的操作实现Vlog的拍摄、剪辑、细调和发布，记录与分享生活	半小时	日更，2—3条/日
@揭阳空港消防	索尼A7R3相机搭配18—105 mm镜头，搭配如影S稳定器，使用罗德指向性麦克风收音	Premiere	Adobe Premiere是一款常用的视频编辑软件，由 Adobe 公司推出。适用于MAC和Windows系统	从确定选题到编写剧本不到1小时；拍摄需要半天到1天	一日一更
@六安特警	单反相机，手机配稳定器，无人机	喵影工厂	喵影工厂是一款手机上使用的视频剪辑处理软件	只需要剪辑的情况下，1小时内完成	1—2条/日
@潇湘晨报	专业拍摄设备、手机	Premiere，抖音自带的剪辑功能		从收到原材料到发布不超过30分钟	2—3条/日
@浙江之声	专业拍摄设备、手机	快剪辑	快剪辑是免费的、无强制水印的，可在手机上使用的视频剪辑软件	1小时以内	2—3条/日
@南方都市报	专业拍摄设备、手机	Premiere、Final Cut Pro	Final Cut Pro是苹果公司开发的一款专业视频非线性编辑软件，适用于MAC系统	取决于素材，一般半小时到1小时	5—8条/日

203

(续表)

账号名称	拍摄设备	剪辑软件	简要说明	生产制作所需时间	更新频率
@动静新闻	专业拍摄设备、手机	大洋剪辑软件、Premiere、After Effects、Videoleap	大洋剪辑软件是专业的非线性视频编辑处理软件，主要用于各类视频和节目的后期制作处理操作，是针对电视台等新闻片的剪辑应而生的系统 After Effects是Adobe公司推出的一款图形视频处理软件，运用于后期处理，可以创建各种引人注目的动态图形和视觉效果 Videoleap是一款专业的可在手机上操作的视频剪辑编辑制作工具		6—8条/日
@北魏先生	无人机、索尼的微单相机、360全景相机	Videoleap、Final Cut Pro		写文案时间不定；制作需要1天	2—3条/周
@一脚油门儿	运动相机、手机、无人机	Videoleap、快影	快影是快手公司旗下一款简单易用的，可在手机上使用的视频拍摄、剪辑和制作工具		根据出行网络状况，两三天一条
@重庆自驾游-福福	手机、无人机	Videoleap、Final Cut Pro、Premiere		写文案2—3个小时；剪辑半小时到1小时	1—2条/周

从表5.1可知,短视频拍摄设备涵盖手机、无人机、专业摄像机等。剪辑软件中,Premiere和Videoleap较为常见。机构账号较个人账号具有更为稳定的内容输出能力,内容生产所需的时间也更短。

案例二:"@浙江之声"运营策略

从传播效果来考量,"@浙江之声"是媒体账号中的佼佼者,所发布的短视频内容既包括新闻时事,也有市井生活和城市形象的宣传。

1. 账号描述

"@浙江之声"是浙江广播主频率官方抖音号,目前粉丝数达到228万,累计点赞数超过9 487万。"@浙江之声"的定位是传播正能量,立足本地化,兼顾突发事件和热点事件。

2. 传播内容

对"@浙江之声"发布的短视频内容进行归类,可以发现其内容主要有以下特征。

(1) 立足本地,传递城市温度

"@浙江之声"立足浙江本地,大部分新闻来源于本地,原创度较高。本地新闻的主要题材包括:

第一,弘扬军警群体积极向上的主旋律、正能量。例如,军人在雨中站岗,排成一道整齐的队伍下扶梯的画面,突出军人的秩序性;有交警牵着拾荒老人过马路的暖心场景;也有消防人员中暑被送医院,高烧38度仍坚持在火场一线的视频。这些视频向外传播积极向上的正能量,占"@浙江之声"全部内容中的重要比重。暖心的新闻也传递出城市的温度,有利于塑造城市的温暖形象。

第二,社会民生领域,体现人间温情的感人善举。该话题也是"@浙江之声"的重要主题。例如,医生与小患者之间的温情对视获得62万点赞,小伙子反应神速接住一个差点掉下来的小孩获得75万点赞。普通百姓的感人善举与军警群体的正能量视频中诞生了大量爆款内容,也成为"@浙江之

声"的重要话题选择。浙江省许多旅游城市一直较受关注,浙江的城市形象不仅来自青山绿水,也来自城市居民的日常生活图景。这些立足于本地生活的内容打造了更为立体的城市形象。

第三,娱乐、幽默、轻松的视频。例如,一条视频中,一个小伙子翻了几个跟斗之后撞到树,配上一段娱乐性极强的音乐和幽默风趣的文案。这样轻松搞笑的内容也是"@浙江之声"的主题之一。

第四,具有教育意义的警示性新闻。例如,杭州绕城高速公路上,小轿车随意变道、超车压线最终被处罚的视频,会在视频文案中提醒高速公路上斗气开车最终会受到惩罚。一名幼童独自在窗边玩耍的视频,也会提醒行为的危险性,教育家长要谨慎看护好幼童。这类新闻与公众生活息息相关,具有较高的警示性与教育意义。

(2)兼顾省内、国内外热点

"@浙江之声"会针对浙江省热点事件展开深度的、大规模的报道。立足本地丰富的素材来源,"@浙江之声"将抖音作为省内重大新闻的重要报道平台。例如台风利奇马报道中,账号建立了自己的标签"直击利奇马",三天时间发布22条视频,点击量超过8 000万。在"直击利奇马"话题下,账号从多方面展开报道。一方面,通过抖音平台发布地区受灾情况,并且提醒大家注意安全、注意避险;另一方面,通过短视频展现地区救援人员与受灾群众在抗击台风一线的辛劳勇敢,挖掘打动人心的场景与画面。

追求良好的传播效果,也不能只囿于本地新闻。"@浙江之声"账号在内容上会兼顾国内重大的突发事件和热点新闻,在一些热点新闻的时间节点上会及时跟进。例如,霍顿在韩国光州世锦赛上拒绝领奖,拒绝跟孙杨合照,"@浙江之声"在抖音上首发该新闻,获得接近1亿的流量,单条视频有500多万点赞数;日本投降纪念日当天,"@浙江之声"也发布相关视频;及时跟进美国德州枪击案事件,获得超过37万点赞数。

对国内外热点新闻的及时快速跟进有赖于对热点新闻的监控,需要运营人员不断地在各个平台上刷新闻,并且从众多新闻中挑选出具有传播价值的事件素材并进行编辑发布。

3. 运营经验

(1) 立足本地,坚持原创,挖掘丰富素材,充分利用各种资源

作为媒体,内容制作的基本流程是在原创素材基础上做一定的加工处理。这意味着素材本身对于账号的发展至关重要。"@浙江之声"主要定位于本地新闻,重要的特点在于拥有体量庞大且多元的本地素材,原创度较高。

"@浙江之声"建立了素材来源库,能够有效梳理整合内外部资源,充分发挥地方媒体庞大的日常报道素材库的利用价值,将日常报道的素材经过处理后发布到抖音平台上。

一方面,利用省内资源,与各部门、省内各县市台加强合作,共享资源。浙江省台建立了全省的市县台联盟,以微信群的形式存在,共有70多个市县台会向"@浙江之声"供稿,供稿内容包括文字、图片、视频。市县台联盟的供稿成为"@浙江之声"抖音号的重要素材来源渠道。

另一方面,充分挖掘利用台内部资源,本台记者的供稿成为重要的来源。为了鼓励本台记者发稿,"@浙江之声"给记者设立了新媒体发稿的考核要求。

"@浙江之声"素材库的建立既保证了原创度,又保证了稳定的输出和内容的丰富性。内容的丰富程度与稳定的输出使得账号拥有更高的关注价值,同时容易形成用户的期待,能够保持账号的垂直程度与活跃度,增强账号的竞争力和可识别性。

(2) 充分把握个性化推荐与调性,紧跟抖音节奏

抖音平台是一个基于个性化推荐的平台,拥有自己的独特调性。"@浙江之声"在制作视频和运营账号的过程中,在各个维度充分适应抖音平台的传播。

在内容题材上,因为抖音平台的用户特征是年轻化,所以受欢迎的内容通常是振奋人心或者温暖感人、新鲜猎奇或者搞笑幽默。"@浙江之声"的主要内容紧靠这几个大方向。除此之外,运营团队认真观察抖音用户的喜好后发现,军警题材在抖音平台上受欢迎且自带流量,所以在内容选择上也有所偏向。

在内容制作上，各个元素的使用都有特别的考量。对同一个素材进行不同平台的分发时，"@浙江之声"会专门对抖音平台的视频进行单独处理，处理成抖音风格的短视频。例如，在背景音乐上，选择抖音热门音乐，增加观众的熟悉感。选择与视频主题相贴合的音乐，把握好音乐与画面之间的节奏感，做到画面节奏与音乐节奏同步，利用背景音乐调动观众情绪。在字幕处理上，媒体账号的素材不要求像纪录片一样非常精美，但是对于字幕的要求很高。与过去的新闻专题片不同，抖音是小屏幕的竖屏传播平台，制作字幕时会保证字幕的醒目程度，并且选用丰富的字体样式。字幕内容上，不是逐字逐句打在屏幕上，而是只拎要点，让大家在最短的时间内领略到最能触动的内容。

在内容节奏上，"@浙江之声"在制作内容时往往会将一条几分钟的视频处理成超短视频，20秒以内会更好，符合抖音平台快节奏的特征。与传统的叙事方式有所区别，"@浙江之声"在处理抖音短视频时注重提炼视频的要点，用画面展示高潮，字幕叙述事件背景，主题鲜明突出。

在平台的运营和维护上，利用抖音的特性来增加流量。例如，积极参加平台的挑战赛或者给自己的视频打上标签，获得一定的流量扶持。除此之外，在运营之初，运用抖音算法的规则，发动身边的人点赞、评论、转发、互动，增加视频活跃度指标以促进进一步的推荐。还会利用评论区的功能，将事件的更多背景或后续信息以评论的方式发出，使受众接收的信息更加全面。

（3）利用抖音传播力做好城市传播

作为浙江本地的媒体账号，"@浙江之声"借助抖音的传播力与自己所建立的影响力，积极做好城市形象传播，从不同的维度讲好浙江故事、树立好浙江形象。在实际的运营制作过程中，"@浙江之声"主要从四个方面传播浙江形象。

第一，从城市的人情味出发。在传统的理解中，传播城市形象更多是指传播城市的美食美景以吸引游客前往旅游。但"@浙江之声"更多通过短视频展现一个地方的温情与正能量来传播城市形象。例如，在一条视频中，杭州消防员救下火灾中的一位女子，并且把自己的鞋子给这位光着脚的女子穿。该条视频点击量超过2 000万，点赞数超过90万，凸显了杭州消防员的暖心与温情。一条宁波流浪人员到派出所捐款1 000元给困难学子的新闻,凸显了宁波小人物的善良温暖。正能量的暖人心的故事一方面与账号的定位及一贯的内容十分一致,内容不会有违和感,保持了账号的垂直度与鲜明特色;另一方面,相比旅游攻略一类的视频,暖心的人物小故事具有更大的受众面,能够在更短的时间内把故事讲清楚。这两者共同保证了内容可以拥有很广的传播面。对于城市形象传播而言,城市小人物的暖心故事不再走一条直接的宣传路径,而是具有潜移默化、深入人心的效果,有效地凸显地方的人情味。在吸引旅游上的效果可能不够明显,但是能够从更长远的角度,树立城市的温暖形象,增强大众对城市的好感度。

第二,通过展示地标性的景点、城市吃喝玩乐等来宣传城市形象。相比人物暖心故事的软性形象宣传,发布旅游相关的内容则更直接地展示了城市的形象,尤其是旅游方面的形象。地标性的景点能够为城市建立一张极具辨识度的名片,也使得城市能够更容易被大众所记住。"@浙江之声"在传播城市形象上会特别关注地标性景点,例如冬天西湖下雪时,"@浙江之声"会专门拍摄西湖雪景,获得超过100万的点击量。除了地标性景点的展示以外,"@浙江之声"还在探索通过抖音账号发布一些吃喝玩乐攻略或者旅游体验类Vlog来吸引游客,例如通过短视频推荐宁海温泉民宿、桐庐古村、宁波海景等旅游景点,宣传地方文化。攻略类、体验类旅游视频具有实用性和明确的宣传点,能够更直接地吸引游客,体现城市的游玩价值。

第三,在重要的事件中发挥本地媒体的作用。例如,杭黄高铁开通和台风利奇马期间,"@浙江之声"均积极参与这些重要事件的宣传报道。在浙江快速发展、省会杭州的国际化程度不断提高的背景之下,宣传浙江本地的体现经济、社会、文化发展的重要事件既能凸显浙江的发展速度,也能吸引外地游客前往。而类似于台风利奇马的热点事件的跟进报道,能在报道中展示当地人的力量,比如救援人员的辛劳勇敢、人民群众的众志成城。努力将抖音建设成地方重大事件的报道平台,既能充分利用热点事件的流量,又能及时传播城市形象。

第四,对于重大事件的报道,"@浙江之声"选择从新的角度展开,而不止是以传统的方式去往现场展开常规报道。例如杭黄高铁开通报道中,"@浙江之声"的记者选择挖掘事件中暖心的故事。其中一条视频采访了一对金婚夫妇,坐上首班通往千岛湖的杭黄高铁列车,老先生秀恩爱的发言让网友纷纷点赞。台风利奇马系列报道中,"@浙江之声"除了灾情通报之外,还挖掘诸多暖心动人的场景,坐在路边吃盒饭的电力抢修工人、累得席地而睡的消防救援人员都让广大网友深为感动。"@浙江之声"依然从正能量、暖新闻的角度去做重大事件的报道,内容符合自身的定位的同时,更是充分把握抖音平台特有的技术调性与节奏。

参考文献

[1] Brown, J. S., & Duguid, P. (2001). *The Social Life of Information*. Boston: Harvard Business School Press.

[2] Couldry, N. (2003). *Media Rituals: A Critical Approach*. London: Routledge.

[3] Couldry, N. (2004). Theorizing Media as Practice. *Social Semiotics*, 14(2): 15–18.

[4] Couldry, N. (2012). *Media, Society, World: Social Theory and Digital Media Practice*. Cambridge: Polity Press.

[5] Fakeye, P. C., & Crompton, J. L. (1991). Image Differences between Prospective, First-Time, and Repeat Visitors to the Lower Rio Grande Valley. *Journal of Travel Research*, 30(2): 10–16.

[6] Gilboa, S., Jaffe, E. D., Vianelli, D., Pastore, A., & Herstein, R. (2015). A Summated Rating Scale for Measuring City Image. *Cities*, 44: 50–59.

[7] Gumpert, G., & Drucker, S. J.(2008). Communicative Cities. *International Communication Gazette*, 70(3–4): 195–208.

[8] Hayles, N. K. (2006). Unfinished Work: From Cyborg to Cognisphere. *Theory, Culture & Society*, 23(7–8): 159-166.

[9] Jeffres, L. W.(2008). An Urban Communication Audit: Measuring Aspects of a "Communicative City". *International Communication Gazette*, 70(3–4): 257–273.

[10] Kember, S., & Zylinska, J. (2012). *Life after New Media: Mediation as a Vital Process*. Cambridge, MA: MIT Press.

［11］ Kubitschko, S. (2018). Acting on Media Technologies and Infrastructures: Expanding the Media as Practice Approach. *Media, Culture & Society*, 40(4): 629−635.

［12］ Mattoni, A. (2012). *Media Practices and Protest Politics: How Precarious Workers Mobilise*. Ashgate: Farnham.

［13］ Provan, K. G., & Milward, H. B. (2001). Do Networks Really Work? A Framework for Evaluating Public Sector Organizational Networks. *Public Administration Review*, 61: 414−423.

［14］ Rakow, L. F. (1999). The Public at the Table: From Public Access to Public Participation, *New Media & Society,* 1(1): 74−82.

［15］ Rammert, W. (1997). New Rules of Sociological Method: Rethinking Technology Studies. *British Journal of Sociology*, 48(2): 171−191.

［16］ Reckwitz, A. (2002). Toward a Theory of Social Practices: A Development in Culturalist Theorizing. *European Journal of Social Theory*, 5(2): 243−263.

［17］ Schatzki, T. (1999). *Social Practices: A Wittgenstinian Approach to Human Activity and the Social*. Cambridge: Cambridge University Press.

［18］ Schultz, M., & Hernes, T. (2013). A Temporal Perspective on Organizational Identity. *Organization Science*, 24(1): 1−21.

［19］ Schutz, W. (2004). Reconstructing Mediatization as an Analytical Concept. *European Journal of Communication,* 19: 87−101.

［20］ Silverstone, R. (1994). *Television and Everyday Life*. London: Routledge.

［21］ Silverstone, R., & Hirsch, E. (1992). *Consuming Technologies*. London: Routledge.

［22］ Sun, J. (2018). Shock of the New. *The World of Chinese*, 4: 44−49.

［23］ "DOUTravel 计划介绍"（n.d.）. Retrieved August 21, 2019, from https://pan.baidu.com/s/198ZJ-B34rJ5-4-bXgEL22A.

［24］ IUD 中国政务舆情监测中心（2018）. 中国新一线城市的"大"趋势. 领导决策信息, 2: 28-31.

［25］ 艾媒咨询（2018）. 2017年中国短视频行业研究报告. 中商情报

网.www.askci.com/news/chanye/20180102/112421115172.shtml, 2018-01-02.

[26] 陈宇飞(2018). 新一线城市的文化角色. 人民论坛,23：122-123.

[27] 崔雯(2019). 用户视角下的城市形象传播研究——以新一线城市为例. 四川省社会科学院硕士学位论文.

[28] 单文盛,李蕾(2015). 移动互联网时代短视频营销策略和价值研究. 长沙大学学报,4：35-37.

[29] 邓昭明,向文雅,李旭(2018). "抖音短视频"对旅游营销的启示. 中国旅游报,5(22).

[30] 第一财经(2019). 2019新一线城市官方名单出炉：你的城市排第几？. 第一财经. https://www.yicai.com/news/100200192.html, 2019-5-24.

[31] 抖音短视频(2018). 播放量196亿！大数据告诉你，南京实力走红抖音的秘密. https://mp.weixin.qq.com/s/7_RxaPbmrQa-ygoVUNPgKw, 2018-12-25.

[32] "抖音品牌介绍"(n.d.). Retrieved August 21, 2019, from https://pan.baidu.com/s/1zol3YpUCz3CfCzfiHjcqCA.

[33] 抖音,清华大学城市品牌研究室(2018). 短视频与城市形象研究白皮书. https://index.toutiao.com/pdfjs/view.html?file=//index.toutiao.com/report/download/a18bbb436e0835e755971e7151c12935.pdf.

[34] 抖音指数(2018). 爱广州还是爱深圳,潮汕人和客家人做出了不同选择. https://mp.weixin.qq.com/s/VenKgAaPlPOVO1nKxm0o1g, 2018-12-24.

[35] 冯宗泽(2014). 网络时代综艺节目创作思路转型. 现代传播(中国传媒大学学报),6：79-81.

[36] 韩元佳(2018). 抖音现象研究. 中国报业,6：80.

[37] 何晴(2017). 城市格局"卡位"谁能"逆袭"？. 决策,10：32-34.

[38] 华西都市报(2003). 张艺谋拍成都宣传片 用上海美女冒充川妹子. 搜狐网. http://yule.sohu.com/33/92/article211549233.shtml, 2003-7-28.

[39] 吉方平(2018). 没有什么难题,能难倒改革者. 解放日报,12(16)：1.

[40] 卡斯特,曼纽尔(2001). 网络社会的崛起. 夏铸九,王志弘,等译. 北

京：社会科学文献出版社．

［41］ 凯瑞，詹姆斯·W（2005）．作为文化的传播："媒介与社会"论文集．丁未，译．北京：华夏出版社．

［42］ 雷锋网（2018）．印尼Tik Tok解禁后　抖音全球月活跃用户数突破5亿．https://baijiahao.baidu.com/s?id=1606202104070689730&wfr=spider&for=pc, 2018-07-17．

［43］ 李娜（2015）．微传播时代"使用与满足"的应用范式——以"美拍"的受众心理为例．新媒体研究，16：49-50．

［44］ 李佩佩（2015）．对短视频应用发展热的冷思考．青年记者，8, pp.48-49．

［45］ 林燕，刘体凤（2018）．抖音：城市营销新势力．决策，7：50-52．

［46］ 刘竞希（2019）．浅谈"新一线城市"博物馆售票展的宣传策略．中国文物报，8（6）：4．

［47］ 刘士林（2018）．改革开放以来中国城市群的发展历程与未来愿景．甘肃社会科学，5：1-9．

［48］ 刘翔熙（2012）．经济性原则在中国网络语言中的应用．内江师范学院学报，5：51-52．

［49］ 刘艳凤，杜斯敏（2017）．梨视频如何做"下个世纪的产品"．传媒观察，8：11-13．

［50］ 欧阳宏生，舒三友（2014）．论电视综艺节目模式创新．西南民族大学学报，2：159-162．

［51］ 戚旭然（2016）．UGC模式移动短视频社交平台使用动机与使用行为研究．暨南大学硕士学位论文．

［52］ 戚颖璞（2016）．上海2040｜上海空间规划：以结构调整代替"摊大饼"模式．上观新闻．https://www.jfdaily.com/news/detail?id=29568, 2016-9-3．

［53］ 千继贤（2018）．抖音带来的"旅游"．旅游纵览（下半月），8：17-19．

［54］ 清博大数据（2018）．政务抖音号榜｜200万粉丝获赞3 400万，"团团"做对了什么．www.sohu.com/a/254305348_114751, 2018-9-17．

［55］ 人民智库课题组（2019）．调查报告：文旅融合发展，公众有哪些期待．国家治理，12：3-21．

[56] 人人都是产品经理(2018).算法与产品：抖音、快手的"气质"成因. http://www.sohu.com/a/229066364_114819,2018-04-22.

[57] 塞托,米歇尔·德(2009).日常生活实践·1.实践的艺术.方琳琳,黄春柳,译.南京：南京出版社.

[58] 沈从乐,沈思,李明洁(2018).用大数据拆解城市的商业魅力,助推更受年轻人青睐的未来城市.建筑创作,6：100-105.

[59] 沈星佑(2018).为什么刷抖音会上瘾？虎嗅网. https://www.huxiu.com/, 2018-04-19.

[60] 宋贻珍(2004).论网络环境下作者、传播者和公共利益的平衡.内江师范学院学报,1：17-19.

[61] 孙淑兰,黄翼彪(2012).用户产生内容(UGC)模式探究.图书馆学研究,13：14-15.

[62] 听潮一哥(2018).从零到万的粉丝,抖音推荐算法是怎样的. https://baijiahao.baidu.com/s?id=1600701071641513252&wfr=spider&for=pc, 2018-05-17.

[63] 王东(2018).从拟剧论视角看短视频的发展——以抖音APP为例.新闻研究导刊,9(2)：69-70.

[64] 韦伯斯特,弗兰克(2011).信息社会理论(第三版).曹晋,等译.北京：北京大学出版社.

[65] 吴佳妮(2017).音乐社交短视频软件何以走红——以抖音APP为例.新媒体研究,18：88-89.

[66] 习近平(2017).决胜全面建成小康社会　夺取新时代中国特色社会主义伟大胜利——在中国共产党第十九次全国代表大会上的报告.人民网. http://cpc.people.com.cn/19th/n1/2017/1027/c414395-29613458.html?from groupmessage&isappinstalled = 0, 2017-10-27.

[67] 谢静,潘霁,孙玮(2015).可沟通城市评价体系.新闻与传播研究,22(7)：25-34,126.

[68] 严小芳(2016).移动短视频的传播特性和媒体机遇.东南传播,2：90-92.

[69] 杨乐怡(2017).重新崛起：短视频行业的UGC价值再现——以快手

为例.新闻战线,10：107-109.

[70] 张怀水(2017).推进大中小城市网络化建设？提高城市群质量.每日经济新闻.http://www.nbd.com.cn/articles/2017-12-20/1173998.html, 2017-12-20.

[71] 张京祥,赵丹,陈浩(2013).增长主义的终结与中国城市规划的转型.城市规划,1：45-50.

[72] 周菲乔(2016).移动互联网时代下短视频APP的传播模式和传播策略研究.成都理工大学硕士学位论文.

[73] 字节跳动算数中心(2019).抖音城市夜间活力数据出炉：这座年轻的城市最爱晚上阅读.微信公众号"字节跳动算数中心",2019-1-17.

图书在版编目(CIP)数据

跳动空间:抖音城市的生成与传播/潘霁等著. —上海:复旦大学出版社,2020.11(2021.1重印)
(中国新媒体理论与实践丛书/潘霁主编)
ISBN 978-7-309-15248-7

Ⅰ.①跳⋯ Ⅱ.①潘⋯ Ⅲ.①网络营销 Ⅳ.①F713.365.2

中国版本图书馆 CIP 数据核字(2020)第 175388 号

跳动空间:抖音城市的生成与传播
TIAODONG KONGJIAN: DOUYIN CHENGSHI DE SHENGCHENG YU CHUANBO
潘 霁 等 著
责任编辑/朱安奇

复旦大学出版社有限公司出版发行
上海市国权路 579 号 邮编:200433
网址: fupnet@ fudanpress.com http://www.fudanpress.com
门市零售:86-21-65102580 团体订购:86-21-65104505
外埠邮购:86-21-65642846 出版部电话:86-21-65642845
上海四维数字图文有限公司

开本 787×960 1/16 印张 14 字数 244 千
2021 年 1 月第 1 版第 2 次印刷

ISBN 978-7-309-15248-7/F·2746
定价:68.00 元

如有印装质量问题,请向复旦大学出版社有限公司出版部调换。
版权所有 侵权必究